# 주장가능 一肢說

－중국민사소송법과 결부하여－

# 주장가능 一肢說

## -중국민사소송법과 결부하여-

김주 지음

한국학술정보(주)

# |머리말|

　소송물이론은 민사소송법에서 가장 기초적이면서도 핵심적인 이론 중의 하나이다. 소송물은 소송절차의 전반에 걸쳐 작용하게 되며 기판력과 더불어 소송의 시말을 대표하는 '쌍두마차'라 할 수 있다. 19세기 이래 대륙법계 국가의 민사소송법 학계에서는, 특히 독일·일본·한국 등 국가의 소송법학자와 일부 민법학자는 소송물이론의 쟁론에 기담하여 각자의 견해를 피력하였으며 백가생녕의 현상을 조래하였다. 한 세기를 뛰어넘은 오랜 세월의 이론적인 발전을 거쳐 소송물이론은 대체적으로 구실체법설·이지설·일지설·신실체법설·상대성이론 등 5가지 학설이 나름대로 자리매김을 하게 되었다. 이러한 이론은 각자 나름대로의 장단점이 있기 때문에 100여 년간의 쟁론과정에서 어느 학설도 타 학설을 완전히 능가하는 주류학설로는 되지 못하였다.

　상술한 국제적인 환경과 비교하여 볼 때 기본적으로 대륙법계에 속하는 중국민사소송법 학계의 소송물 이론에 대한 무관심과 연구의 지체는 아쉬움을 자아내고 있다. 중국 현행 민사소송법은 소송물에 대하여 구체적인 정의와 해석을 하지 않았을 뿐만 아니라 용어의 통일도 이루지 못하였다.

　본고는 중국의 법체계와 비슷한 독일·일본·한국의 소송물이론의 연구 성과를 소개하고 중국 현행 법률제도를 바탕으로, '중국민사소송법수정긴의고'를 침고하여 중국 민사소송법에서의 소송물제노에 관한 검토를 하였고, 결론에서 중국 소송물이론의 발전에 이바지할 수 있는 관점을 제출하였다.

우선, 본고는 제2장에서 소송물의 개념과 기능을 명확히 하였다. 소송주체와 결합한 분석을 통하여 소송물과 실체법상의 청구·소송법상의 청구·소송목적물 등 관련개념을 구별하였다.

이어서 제3장에서 소송물 이론을 상세하게 소개하였는데, 여기에는 구실체법설·이지설·신실체법설·일지설·신실체법설·상대성이론 등이 있다. 동시에 검토 과정에서 통일 소송물이론에 속하는 구실체법설·이지설·일지설을 선택하여 진일보로 검토하게 되었다.

제4장에서는 청구의 병합·청구의 변경·중복제소·기판력·민사소송의 이상과 목적을 판단기준으로 저자가 제3장에서 걸러낸 통일소송물이론, 즉 구실체법설·이지설·일지설의 장단점을 재단하여 '주장가능 일지설'의 결론을 도출하였다. 당해 이론의 핵심내용은 당사자에게 소송권리를 주장할 수 있는 기회를 준 전제하에서 소송물은 청구로만 결정하여 분쟁을 1회적으로 해결하는 목적을 이루려는 이론이다.

마지막으로 제5장에서 저자는 본고에서 취하는 '주장가능 일지설'을 구체적인 소송종류, 즉 이행의 소·확인의 소·형성의 소·상소의 소·재심의 소 등 소와 결합하여 당해 이론의 가능성과 타당성을 증명하였다.

물론 저자의 옅은 지식과 짧은 경험으로 졸고에서 선학들이 해결하지 못한 소송물이론에 대하여 결론을 내린다는 것은 불가능한 것임이 자명하다. 따라서 본고의 취지는 소송물이론의 결론을 내리는 것보다 선학들이 정리한 소송물 이론을 바탕으로 중국 민사소송법 학계의 소송물이론의 연구에 자그마한 힘이라도 보탤까 하는 마음에서이다.

   한국에서 부담 없이 유학을 하도록 물심양면으로 아낌없이 도와주신 지도교수님 정영환 교수님께 항상 감사의 마음을 전달하고 싶다. 그리고 민사소송법 학술의 전당에 입문하도록 이끌어 주신 정동윤 교수님과 유병현 교수님에게 고맙다는 말씀을 드리고 싶다. 졸고임에도 불구하고 출간을 허락해 주신 한국학술정보(주)의 사장님과 편집장 및 직원 여러분들에게도 진심으로 감사드린다. 또한 새로운 경험을 할 수 있는 자리를 마련해 준 법무법인 로고스의 여러 변호사님들의 관심에 감사드리며 법무법인 로고스가 선두적인 로펌으로 거듭나길 바란다. 끝으로 부모와 장인장모 특히 어디서나 언제나, 힘들 때나 기쁠 때나 항상 곁에 있어 주는 아내 김징애에게 이 글을 드리고 싶다.


저자   김주

# 前 言

訴訟標的理論是民事訴訟法上極爲基础也是最爲核心的理論之一，它貫穿于訴訟程序的始終，起着不可忽視的作用。19世紀以來，大陸法系國家的民事訴訟法學界，尤其是德國、日本、韓國的訴訟法學者和一些民法學者都參与了訴訟標的理論的爭論并各抒己見，形成百家爭鳴、百花齊放之狀。經過一个多世紀的發展，訴訟標的理論學說大体分爲，旧實体法說、二分肢說、一分肢說、新實体法說、相對性學說等五种。這些理論互有長短和利弊，百年相爭也未能有一个學說成爲眞正的主流理論。

与上述國際环境相比，同樣屬于大陸法系國家的中國，其民事訴訟法學界對訴訟標的理論重要性的忽視及其理論研究的停滯不前實是讓人惋惜。中國現行民事訴訟法不僅沒有對訴訟標的下具体定義和解釋，就連法律用語也未能得到統一。以給中國民事訴訟法學界提供些許拙見爲初衷，本文介紹了德國、日本、韓國的研究成果，并以中國現行法律制度爲基础，參考<中國民事訴訟法修改建議稿>，對中國民事訴訟領域訴訟標的制度進行了思考和研究，并最終提出了認爲符合中國訴訟標的理論發展的觀点。

首先，本文在第二章明确了訴訟標的概念和功能。通過与訴訟主体的結合分析，將訴訟標的和實体法上的請求、訴訟法上的請求、訴訟標的物等相關概念區別開來。

接下來，筆者在第三章較爲詳細地介紹了具有代表性的訴訟標的理論。涉及的理論包括，旧實体法說、二分肢說、新二分肢說、一分肢

說、新實体法說、相對性學說等。同時在分析過程当中選擇統一訴訟標的學說中的旧實体法說、二分肢說、一分肢說在下一章結合其他理論進行重点分析。

第四章，以訴的合幷、訴的變更、重复起訴、既判力、民事訴訟的理想和目的爲判斷標准，筆者對前一章選出的三种理論卽旧實体法說、二分肢說、一分肢說進行了利弊分析，最終得出"主張可能一分肢說"的結論。該理論的核心內容是在給予当事人主張訴訟權利的前提下訴訟標的只由申請決定，以達到一次性解決糾紛的目的。

最后，在第五章筆者將本文所采取的"主張可能一分肢說"結合具体的訴訟种類卽給付之訴、确認之訴、形成之訴、上訴之訴、再審之訴進行分析，以佐証該理論的可行性和适当性。

当然，筆者才疏學淺，不可能謹以此拙稿就能解開諸多前輩學者多年未能解開的訴訟標的理論之迷。本文的宗旨也不在于統一訴訟標的理論，筆者的目的是在整理比較前輩學者們理論的基础上，爲中國民事訴訟法學界訴訟標的理論的研究提出一己之見。

此書出版之際，感謝在留學期間給予无私帮助和眞心相待的指導老師鄭永煥教授、指引我步入民事訴訟法殿堂的鄭東潤教授、庾炳賢教授。在學術情報(株)的社長及編輯們的支持下拙稿才得以出版，在此一幷表示眞誠的謝意。在過去的1年，韓國法務法人LOGOS給与我体驗韓國律所的机會，借此机會向帮助我的几位韓國律師表示感謝，同時希望法務法人LOGOS能成爲韓國律師界的大所、名所。最后，感謝父母的養育只恩和岳父母的鼓勵之情。

將此書獻給不管在何時、何地，都与我同甘共、共患難的妻子金貞愛。

金柱

# |목 차|

# 제3장 소송물 식별기준에 관한 학설__37

# 제4장 소송물이론 판단의 표준_91

# 제1장

## 서 론

소송제도는 문명국가의 法治의 실현수단이며 標徵의 하나이다. 분쟁의 해결이 자력구제에서 벗어나 사회구제와 공적구제를 중심으로 하는 오늘날에 그 중요성은 모두에게 인식되어 있다. 따라서 소송제도의 합리성과 활용의 매끄러움은 실체법의 실현에 크게 이바지한다. 훌륭한 소송제도가 없다면 실체법적 권리의 실현은 물속의 달이요, 거울 속의 꽃처럼 된다. 이렇게 중요한 위치를 차지하는 민사소송제도에서 소송물이론[1]은 추상적인 이론이긴 하지만 민사소송이론의 기초를 이루고 있으며 19세기말 이래 독일, 일본, 한국을 비롯한 대륙법계 국가에서 끊이지 않는 논쟁의 초점으로 되었으며 그 이론도 눈부신 발전을 가져왔다. 소송물이론이 시작된 시대에는 이행의 소밖에 인정되지 않았지만, 그 후로 확인의 소와 형성의 소가 법적으로 인정되었으며 지금은 또 형식적 형성의 소, 확인소송원형설 등 새로운 소의 종류들이 속속히 거론되고 있으며 소송과 비소송의 관계의 이론적 구별의 어려움은 보전소송의 소송물을 어떻게 볼 것인가 하는 문제도 야기하고 있다.[2]

---

1) 일본, 한국 등에서는 소송물이란 개념으로 구성하나 중국에서는 소송표적(訴訟標的)이라고 한다. 본고는 비록 중국에서의 소송물이론의 구성을 위한 것이지만, 한글로 작성하기 때문에 동일한 개념을 굳이 중국식으로 표기하지 않고 소송물로 표기하기로 한다.
2) 松浦馨, "通常民事保全訴訟の訴訟物", 「改革期の民事手續法－原井龍先

중국 민사소송법의 역사를 간단히 되살려 보면 1982년에 처음으로 「중화인민공화국민사소송법(시행)」을 제정하였고, 1991년에 이르러 「중화인민공화국민사소송법」을 정식으로 공포하였다. 2003년 12월에 민사소송법의 수정은 중화인민공화국 제10기 전국인민대표대회[3]의 입법계획에 포함되었기에 늦어도 2007년까지는 개정 민사소송법이 공포될 것이다. 이에 부응하여 2005년 3월에 江偉[4]를 책임자로 하는 「중화인민공화국민사소송법 수정건의고(제3고)」가 단행본으로 출판되었다. 이렇게 현행 중국민사소송법이 대폭 수정될 것으로 사료되는 시점에서 본고를 작성하게 된 것은 현행 민사소송법에 기초한 것뿐만 아니라 한 걸음 더 나아가 수정 예정인 신민사소송법에도 부합되는 기초이론을 연구할 수 있어 가치가 클 것으로 생각하기 때문이다.

중국 대륙 민사소송법학계에서 소송물에 대한 연구가 미비하기 때문에[5] 이와 관련한 기판력·중복제소 등 민사소송의 다른 기본이론의 연구도 필연적으로 제약을 받게 된다. 하지만 이론적인 것보다 더 중요한 것은 소송물에 대한 논의의 부족은 공권적 분쟁해결의 권력을 행사하는 법원과 그 지휘를 받아 판결을 얻고자 하는 당사자 사이에 끊임없는 논쟁거리가 되어 왔다는 것이다. 왜냐하면 소송물이 특정되어야 법원의 심판대상이 확정이 되고 당사자 사이에 소송

---

生古稀祝賀」(法律出版社, 2002.) 672面.
3) 중화인민공화국 전국인민대표대회는 국가의 최고권력기관이며 전국인민대표대회와 그 상무위원회는 국가의 입법권을 행사한다. 제10기 전국인민대표대회는 2003년부터 2007년까지이다.
4) 중국인민대학교 법학원 교수, 중국법학회 소송법학 연구회 명예회장.
5) 박사논문으로 2개의 논문이 있는데 아직도 민사소송법학계의 관심을 모으기에는 불충분하며 두 논문의 분기도 아주 크다. 법학교과서에도 소송물에 대해 간단히 언급만 하고 있다.

물을 둘러싼 공방이 이루어지게 되기 때문이다.

아직도 유가사상의 뿌리가 깊은 중국에서는 당사자가 법원의 재판을 구하는 것은 분쟁이 발생된 시점이 아니라, 서로의 양보와 협상이 크게 괴리되어 있는 시점이다. 즉 당사자는 서로 상상대방에게 자신의 의사를 가능한 최대로 표현하고 그럼에도 불구하고 서로 합의가 이루어지지 않아 분쟁이 해결되지 않을 경우 부득이하게 공권력에 의해 공정한 재판을 통한 분쟁의 해결을 구하려는 것이다. 소송이 진행된 이상 비록 사적인 분쟁의 해결이라고 하지만 당사자는 실체법상의 소유권의 처분처럼 제한 없이 권리를 자유롭게 행사할 수 있는 것이 아니라 소송법의 이상을 감안하면서 신의성실의 원칙에 따라 소송권리를 수행해야 한다. 「권리의 행사는 타인의 자유를 해쳐서는 아니 된다.」는 말이 있듯이 원고는 소송권리를 행사함에 있어서 법원의 소송지휘를 받아 실체법의 권리행사와는 달리 완전한 권리처분이 제약을 받을 뿐만 아니라 부적절한 소송권리의 남용으로 인하여 피고의 자유를 해쳐서는 아니 될 의무도 함께 지니고 있다. 즉 소송을 진행함에 있어서 원고·피고·법원 3자의 협력으로 공평·적정하게 경제적으로 분쟁을 신속하게 해결해야 한다. 그러지 아니하고 원고나 피고 나아가 법원 3자 중의 한 측면에만 주안점을 둔다면 민사소송의 이상을 실현하기 어렵다.

소송 당사자의 권리를 공평하게 보장하고 분쟁을 신속하게 해결하기 위한[6] 핵심문제는 역시 소송의 開始의 초점인 소송물이다. 왜냐

---

6) 민사소송의 목적으로 사권보호설, 사법유지설, 분쟁해결설, 절차보장설, 다원설 등이 있다. 하지만 그중에서 민사소송의 제일 중요한 목적은 사권의 보호와 당사자 사이의 분쟁의 해결에 있다고 본다.

하면 소송물의 구성에 따라서 법원의 관할부터 청구의 변경·병합·
중복제소에서 기판력에 이르기까지 소송절차의 진행이 연결되고 있
기 때문이다. 본고에서는 민사소송의 이상과 목적을 실현하기 위한
가장 핵심적인 부분인 소송물이론에 대하여 종합적 연구를 함으로써
중국민사소송법개정에 발맞추어 그 이론구성을 해 보고자 한다.

제2장

# 소송물 개념과 기능

# 제1절 소송물의 개념

소가 제기되면 소송대상이 있게 되고 이러한 소송대상이 되는 개념이 점차 소송물로 발전하였다. 하지만 소송물이란 개념은 법률조항에서 통일된 것이 아니고 해석도 되어 있지 않고 있다.[7] 이로 인하여 소송물에 대한 개념은 학술과 실무의 해석으로만 이해되고 있고 무엇을 소송의 대상, 즉 소송의 객체로 간주할지에 대하여 학자들 사이에는 견해가 갈리고 있다. 기본적인 관점은 소송물은 소송상의 청구라고도 하는데 민사소송에서 심판의 대상을 소송의 객체라고 한다.[8]

---

[7] 한국, 일본, 중국의 민사소송법전을 살펴보면 모두 소송물이란 용어는 있으나 그에 대한 해석은 없다.

[8] 정동윤·유병현, 「민사소송법」(법문사, 2005), 224면; 이시윤, 「신민사소송법(제2판)」(박영사, 2005), 202면.

# Ⅰ. 중국민사소송법의 소송물에 관한 규정

중국은 1982년에 「민사소송법(시행)」을 공포하였는데 제47조와 제48조에 소송물이란 단어를 사용하였다.[9] 하지만 소송물의 개념에 대하여 해석은 하지 않았다. 근 20년간의 試行과정을 거쳐 1991년에 정식으로 「민사소송법」을 공포하였는데 제53조, 제55조, 제56조에 각기 소송물이란 단어를 사용하였다.[10] 하지만 이런 법률조항을 살

---

9) 「중국민사소송법(試行) 제47조」 당사자 일방 혹은 쌍방이 2인 이상이고 소송물이 같거나 동일 종류일 때 인민법원이 병합심리를 할 수 있다고 볼 경우 이는 공동소송이다.
　공동소송의 일방 당사자가 소송물에 공동한 권리·의무가 있을 경우 그 가운데 한 사람의 소송행위는 전체 당사자의 승인을 얻어 전체에 효력을 미친다. 소송물에 공동한 권리·의무가 없을 경우 그 가운데 한 사람의 소송행위는 기타 공동소송인에게 효력을 발생하지 않는다.
　「중국민사소송법(試行) 제48조」 소송 계속 중인 소송물에 대하여 제3자가 독립청구권이 있다고 간주할 경우, 소송을 제기하여 당사자가 될 권리가 있다.
　소송 계속 중인 소송물에 대하여 제3자가 독립청구권은 없지만 소송결과가 그와 법률상 이해관계가 있을 경우 소송참가를 신청하거나 인민법원이 그에 참가통지를 할 수 있다.
10) 「중국민사소송법 제53조」 당사자 일방 혹은 쌍방이 2인 이상이고 소송물이 공동하거나 동일 종류일 경우 인민법원은 병합하여 심리할 수 있다고 보고 동시에 당사자의 동의를 얻으면 공동소송으로 된다.
　「중국민사소송법 제55조」 소송물이 동일종류이고 당사자 일방이 여러 사람으로 구성되고 소를 제기할 때 인수가 확정되지 않은 경우에 인민법원은 사건내용과 소송청구를 공고하여 권리자가 일정한 기간 내에 인민법원에 등기하도록 한다.
　인민법원에 등기를 마친 권리인은 대표자를 선정하여 소송을 진행한다. 대표자를 선정할 수 없는 경우에 인민법원은 등기한 권리인과 상의하여 대표자를 선정한다.

퍼볼 때 소송물개념이 일치하지 않음을 발견할 수 있다. 즉 제53조 제2항과 제56조 제1항의 소송물은 소송목적물에 가깝고 제55조와 제53조 2항은 권리의무관계로 보아진다.

입법과정으로부터 볼 때 중국 민사소송법은 사회주의법체계인 소련의 영향을 받았을 뿐만 아니라 일본 민사소송법의 영향도 받았는데 이러한 것은 모두 대륙법계에 속하는 것으로서 중국 민사소송법에서 사용하고 있는 소송물 개념 역시 대륙법계의 소송물 개념과 일치하다고 보아야 한다.


## Ⅱ. 중국에서의 개념정의

전술했다시피 소송물개념은 성문법으로 확정된 것이 아니기 때문에 학술적으로 개념정의를 할 수밖에 없다. 중국 교수들의 소송물 개념에 대한 정의를 정리해 보면 주로 다음과 같은 견해가 있다.

---

대표자의 소송행위는 그가 대표하는 당사자에만 효력이 발생한다. 단 소송청구를 변경·포기하거나 상상대방의 소송청구를 인낙하거나 화해를 할 경우에는 피대표자의 동의를 얻어야 한다.

인민법원이 내린 판결, 재정은 등기한 전체 권리인에 효력을 발생한다. 등기하지 않은 권리인이 소송시효기간에 소송을 제기할 경우에 동 판결, 재정을 적용한다.

「중국민사소송법 제56조」 당사자 쌍방의 소송물에 제3자가 독립청구권이 있다고 간주할 경우 소송을 제기할 수 있다.

당사자 쌍방의 소송물에 대하여 제3자가 독립청구권은 없으나 소송결과가 그와 법률상 이해관계가 있을 경우 소송참가를 신청하거나 인민법원이 소송참가를 통지한다. 인민법원이 민사책임을 담당한다고 판결받은 제3자는 당사자의 소송권리와 의무를 지닌다.

張衛平은 소송물은 민사소송법 중 법원의 재판 대상일 뿐만 아니라 재판 대상의 제일 기본적이고 제일 작은 단위라고 본다. 여기서 제일 기본적인 단위라는 것은 소송물은 당사자가 상대방에 대하여 주장한 법률상 이익을 더 작게 구분할 수 없는 경우를 말한다.[11]

劉家興은 당사자 간에 분쟁이 발생하여 법원에 재판의 형태로 해결을 구하는 법률관계를 소송물이라고 본다.[12]

柴發邦은 민사소송의 양 당사자가 모종의 권리·의무관계로 분쟁이 발생하였거나 손해가 발생하였을 경우 인민법원에 재판 혹은 調解[13]를 구하는 데 이러한 재판을 구하거나 조정을 구하고 권리·의무관계가 비로 당시지 간에 다투는 소송물이라고 본다.[14]

王錫三은 소송청구와 소송물은 같은 개념이고 보며 소송상의 청구는 실체법상의 청구권을 말하며 소송물의 의의와 동등하다고 한다.[15]

李龍은 소송물은 사법상의 권리 혹은 법률관계의 주장이라고 한다. 즉 권리주장설을 취하고 있다.[16]

이상 중국학자들의 소송물에 대한 해석으로부터 볼 때 소송물에 대한 학설은 독일, 일본 등 대륙법계 민사소송법상의 소송물의 개념과 기본적으로 일치한 것이며 권리주장설 혹은 요구설, 혹은 양자의 결합으로 볼 수 있다.[17]

---

11) 張衛平, 「民事訴訟法敎程」(法律出版社, 1998), 180面.
12) 劉家興, 「民事訴訟法敎程」(北京大學出版社, 1994), 29面.
13) 민사의 그정과 비슷한 제도이나 절차상에서나 효력발생요건에서나 서로 다른 규정을 두고 있기에 調解란 단어를 계속 사용한다.
14) 柴發邦, 「民事訴訟法新編」(法律出版社, 1992), 60面.
15) 王錫三, 「民事訴訟法硏究」(重慶大學出版社, 1996), 170面.
16) 李龍, 「民事訴訟標的理論硏究」(法律出版社, 2003), 10面.
17) 권리수상설과 요구설에 내하어, 소송물은 권리주장이라는 면에서 상상

## 제2절 소송물개념과 민사소송의 기타 기본 개념과의 비교

### Ⅰ. 소와 소송물

소는 원고가 법원에 판결을 통하여 권리보호를 하여 줄 것을 요구하는 소송행위이다. 소에는 심판의 신청으로서의 객체인 청구(소송물)와 소송의 주체가 포함된다.[18] 청구는 넓은 의미에서는 원고가 피고에 대한 권리주장과 법원에 대한 요구를 포함하고 있고, 좁은 의미에서는 원고가 피고에 대한 주장이다. 하지만 어느 경우나 청구(소송물)는 소에 포함되어 있는 개념이고 소는 청구(소송물)의 외면 형식이라고 할 수 있다.[19]

---

대방에 대한 주장임과 동시에, 법원에 대한 심판요구라는 면에서 법원에 대한 주장이라는 양면을 가진다고 할 수 있다고 하는 견해가 유력하다. 또한 권리주장설이냐 요구설이냐 하는 문제는 소송물의 개념정의 면에서 표현상의 차이일 뿐 소송물의 구성에 영향을 주지 않기에 별도로 연구하지 않는다.

18) 박준용, "손해배상청구소송의 소송물", 고려대 석사학위논문, 1999, 7면.
19) 정동윤·유병현, 전게서, 55면.

# Ⅱ. 소송물과 실체법상의 청구, 소송법상의 청구의 관계

청구권 개념의 前身이라고 할 수 있는 로마법상의 actio는 고대 로마에서는 적어도 형식적으로는 소권의 의미밖에 없었다. 당시의 로마 사람들에게는 개인이 다른 개인에 대해 주장하여 실현할 수 있는 오늘날의 실체법상의 권리라는 개념은 없었고, 문제가 생기면 바로 국가제도인 소송에 의지하였기 때문에 분쟁이 있어도 actio가 인정되지 않으면 원칙적으로 아무것도 할 수 없었다. 독일 민사소송법 제정 시의 입법자들은 이러한 개념을 수계하여 민법상의 청구권이 곧 소송상 청구라고 보고 청구권을 뜻하는 말을 민사소송법에서 소송상 청구로 그냥 가져다 쓴 것이다.[20]

세계 각국의 규정을 둘러볼 때 소송청구란 낱말이 서로 다른 용어로 불리고 있다. 프랑스에서는 소송의 목적이라고 하고, 일본·한국에서는 청구의 취지라 하고 대만지역에서는 소의 성명이라고 한다.[21] 명칭의 여하를 불문하고 청구는 모두 소장의 기재사항 즉 제소요건에 규정하고 있다.[22] 일부 학자들은 이행의 소 이외에 확인의 소와 형성의 소가 인정되고 있는 오늘날에도 소송물을 청구라고 표현하는 것은 문제가 있다고 한다.[23] 이로부터 볼 때 소송물이라는 것과 청구는 밀접한 관련이 있지만 명확한 개념정의를 위하여 구분

---

20) 호문혁, 「민사소송법제3편」(법문사, 2003), 107 108면.
21) 李龍, 前揭書, 10面.
22) 한국 민사소송법 제249조에서는 소장의 기재사항에 청구의 취시와 원인을 적어야 한다고 한다. 중국 민사소송법 제108조에서도 제소요건에 구체적 소송청구와 사실이유를 적도록 한다.
23) 정동윤·유병현, 전게서, 224면.

할 필요가 있다고 볼 수 있다.

민사소송법에서 소송물을 지칭하기 위하여 청구라는 표현을 쓰게
된 것은 1885년 Wach가 소송물의 개념을 사용할 때 실체법상의 청구
권개념을 민사소송법에 도입시켜 소송물은 곧 권리보호청구권이라고
인정한 데 있다. 1900년부터 독일 학자 Hellwig은 소송법상의 청구권과
실체법상의 청구권을 구별하여 사용하기 시작하였고 실체법상의 청구
권은 기존의 실체권리이고 소송법상의 청구권은 원고가 소송과정에서
제출한 권리주장이라고 하였다. 이 권리주장이 바로 소송물이며 구실
체법설에서의 이론이다.24) 청구란 개념을 어떻게 볼 것인가와 소송물
의 개념을 어떻게 정의하는가에 따라서 두 개념을 같게 볼 수도 있고
달리 볼 수도 있는 결과가 나타나게 된다.

Wach는 실체법상의 권리보호청구권 자체가 소송물이라고 한다.25)
이 견해에 의하면 소송물과 청구는 구분이 되지 않는다. Hellwig는
비록 소송법상의 청구권과 실체법상의 청구권을 구별하여 사용하지만
소송법상의 청구는 원고가 소송과정에 제출한 권리주장이며 이 권리
주장은 법원의 심판 대상이 된다고 한다.26) 이로부터 볼 때 Wach과
Hellwig이 청구에 대한 개념은 다르지만, 청구와 소송물을 동일하게
보고 있다는 것에는 이론이 없다.

구실체법설이 실체법상의 청구권 경합의 모순에 빠졌고 이런 모순은

---

24) 段厚省, 「民事訴訟標的論」(中國人民公安大學出版社, 2004), 12面.
25) 이보다 앞서 독일민사소송법 기초자들은 실체법상 청구권 자체가 곧
    소송상 청구라고 생각하였으나 확인의 소와 형성의 소가 발전된 지금
    에 있어서는 더 이상 거론할 필요가 없다고 본다.
26) 江偉、段厚省, "訴訟標的與訴訟請求的關係", 「訴訟法學硏究第一卷」(中國檢
    察出版社, 2001), 232面.

신소송물이론이 탄생한 배경이 되었다. 신소송물이론은 Leo Rosenberg가 제창하고 Nikisch이 발전시킨 이론이다. 신소송물이론은 원고가 관심을 가지는 것은 소송결과이지 그 청구권 혹은 형성권이 실체법상에 어떤 성질을 갖고 있고 어떻게 규정되어 있는가는 관심 외의 사항이므로 소송물의 개념은 실체법과의 관계에서 벗어나야 하며 소송법상의 개념으로만 구성해야 한다고 한다. 신소송물이론 중 일부는 二肢說의 구상을 하고 있는데 이는 소송물은 신청과 사실관계 두 가지 요소로 구성되며[27] 이에 의하여 소송물의 단복·이동을 결정한다. 즉 신청과 사실관계에 동일한 비중을 두며 하나가 다르면 소송물이 다르다고 본다. 이런 경우에 청구(신청)는 소송물이 하나의 구성요소로 될 뿐이다. 즉 二肢說의 경우, 청구와 소송물은 서로 다른 개념이 된다.

1949년, Bötticher은 혼인소송에 대한 연구를 거쳐 사실은 중요하지 않고 단지 청구만으로 소송물을 구성한다고 하였다. 이에 이어 1954년 Schwab은 이 이론을 민사소송의 전역에 거쳐 확장시켰다.[28] 이를 一肢說이라고 하는데 청구만을 소송물로 하기에 一肢說에서는 청구와 소송물이 같게 된다.

1955년 Nikisch이 민법이론을 수정하여 하나의 사실관계에서 발생하는 것으로 보일 경우에는 하나의 청구권이 생기는 것으로 보아야 한다는 이론을 제기하여서부터[29] 1961년 Henckel이 실체법상의 청구권을 여러 기능으로 분해하여, 그 가운데 처분대상으로서의 경제적 기능을 소송물설정의 기준으로 삼는다고 하였다. 이러한 이론은

---

27) 정동윤·유병현, 전게서, 231면.
28) 이시윤, 「소송물에 관한 연구」(육법사, 1977), 47면.
29) 상게서, 62면.

주로 청구권경합의 문제를 해결하기 위한 것으로서 신실체법설이라고 일컫고 있지만, 역시 청구를 소송물과 동일하게 보는 것이다.

상술한 것을 종합하여 보면, 청구라는 개념을 어떻게 보는가에 따라서 그리고 어떠한 소송물이론의 견지에서 보는가에 따라서 차이가 있다. 즉 단지 이행의 소에 규정된 실체법상의 청구권을 청구로 보는 것은 이미 의미를 상실하였기 때문에,[30] 소송법상의 청구로 문제를 보아야 한다. 즉 실체법상의 권리의 주장 혹은 신청과 사실관계(혹은 신청만으로)를 청구로 보는 것이다. 이런 경우에 구실체법설, 一肢說, 신실체법설에서는 청구와 소송물이 같은 내용의 모습이고 二肢說에서는 청구가 소송물의 구성요소로 되는 것이다.


## Ⅲ. 소송물과 객체

소는 소송의 주체와 심리의 객체가 포함되는데 주체와 객체에 대하여 중국의 학설은 결코 일치하는 것만은 아니다.

### 1. 소송의 주체와 민사소송 법률관계의 주체

同一說에 의하면, 민사소송 법률관계의 주체와 소송주체는 같은 개념이라고 한다. 이렇게 되면 당사자, 법원뿐만 아니라 증인·번역

---

30) 확인의 소와 형성의 소가 규정된 지금에는 확인권과 형성권이라고 하지 청구권이라고 하지 않기 때문이다. 확인의 소와 형성의 소에서의 청구는 바로 확인의 권리의 주장과 형성의 권리에 대한 주장인 것이다.

인・검증인 모두가 소송주체로 된다. 區別說에 의하면 소송주체가 소송법률 관계주체와 다른 특징에는 주로 두 가지가 있다. 하나는 소송주체의 참가가 없으면 소송을 진행할 수 없다는 것이고, 다른 하나는 소송주체는 소송의 발생・변경・종료에 결정적 혹은 중요한 작용을 한다는 것이다. 즉 소송주체의 역할은 소송법률 관계주체의 지위보다 중요하다. 소송주체는 필연적으로 소송 법률관계의 주체이나, 소송 법률관계의 주체는 소송주체가 아닐 수도 있다.[31]

區別說에 동감을 표한다. 區別說에 의하면 중국 민사소송에서 소송주체로 될 수 있는 자로는 인민법원・인민검찰원[32)]・당사자・공동소송인・소송대표인・소송제3인(한국의 보조참가인과 독립당사자참가에 해당)이 해당된다.

## 2. 민사소송의 객체

同一說에 의할 경우, 민사소송의 객체는 복잡하게 된다. 즉 객체는 당사자와 법원 사이뿐만 아니라 법원과 증인・감정인, 법원과 검찰과의 관계도 포함하기 때문이다. 이런 경우 당사자와 법원 사이의 객체는 소송물이고 법원과 증인, 감정인 사이의 객체는 사실관계이

---

31) 張衛平, 前揭書, 51面.
32) 모든 법적인 판단은 실시구시하에 내리어 한다는 취지하에서 기판력을 발생한 사건이라 할지라도 인민검찰원은 재심의 소를 제기할 수 있다. 이에 대하여 법원은 반드시 재심을 해야 하는바 이러한 경우에 인민검찰원은 당사자의 자격을 득하게 된다. 하지만 사적 자치 영역인 민사소송에서 검찰이 과연 민사소송절차에 개입할 필요가 있는지, 개입해서 되는지에 대해서는 사석으로 반대의견을 취한다.

며 법원과 검찰원 사이의 객체는 사실관계와 법률적용이 된다.

區別說에 의하면 민사소송의 주체는 주로 법원과 당사자 사이기 때문에 객체는 심판의 대상, 즉 소송물이 된다.

소송의 주체에서의 판단과 같이 區別說에 동감하며 소송주체는 법원과 당사자만 포함한다고 본다. 소송주체가 결정되면 소송객체는 당연히 법원과 당사자 사이의 심판의 대상물인 소송물이 된다.


## Ⅳ. 소송물과 소송목적물

Ⅲ에서 본 바와 같이 소송물은 소송의 객체이므로 소송목적물, 즉 다툼의 대상인 계쟁물과는 구별하여야 한다. 즉 이행의 소에 있어서 이행청구의 법적 지위의 존부가 소송물이고 이행의 내용, 즉 금전 등은 소송목적물이 되는 것이다.


# 제3절 소송물의 기능

소송물을 민사소송의 기본개념이라고 보는 것은 소송물이 소송의 제반 절차에 거쳐 기능을 발휘하고 있기 때문이다. 아래에 소송물이 구체적으로 어떤 기능이 있는지 살펴보도록 한다.

## 1. 당사자 적격의 판단의 근거가 된다

중국민사소송법 제108조 1항의 규정에 따르면, 원고는 본 사건과 직접적인 이해관계가 있어야 소를 제기할 수 있다고 하였다. 따라서 소송물과 직접적인 관계가 없는 자가 소를 제기하면 당사자적격이 없어 소가 각하된다.

## 2. 관할의 표준이 된다

토지관할·전속관할·급별관할[33])의 표준이 된다. 예를 들어 득허 사건은 중국인민최고법원이 확정한 중급인민법원만이 관할권이 있으며, 사건의 복잡 정도·소송가액의 차이 등에 따라서 제1심법원이 기층법원[34])이 될 수도 있고 중급법원이 될 수도 있다.

---

33) 중국민소법에서 말하는 급별관할은 민사소송관할제도 중의 중요한 내용으로서 서로 다른 급별의 법원 사이의 제1심 민사사건의 관할에 대한 분배 제도이다. 중국의 법원은 최고인민법원, 지방 각급인민법원 및 전문인민법원으로 구성되어 있다. 지방인민법원은 다시 기층인민법원·중급인민법원·고급인민법원으로 나누어져 있으며, 전문인민법원은 군사법원·海事법원·철도운수법원으로 나누어진다. 여기서 해사법원은 중급인민법원에 해당하고, 군사법원과 철도운수법원은 일반법원의 시스템을 갖추고 있으나 고급인민법원에 해당하는 급별까지 있다. 따라서 중국의 법원의 급별은 4급이라고 모인 된다. 즉 최고인민법원·고급인민법원·중급인민법원·기층인민법원이다. 급별관할은 바로 이러한 4개 급별의 법원 사이에 어떤 표준을 잣대로 제1심 사건을 분배하는가에 관한 문제이다. 외국에서 말하는 사물관할과 비슷한 면이 있으나, 4개 급별의 법원이 모두 1심 사건을 관할할 수 있고 관할표준이 다양하다는 면에서 구별된다고 할 수 있다.

## 3. 법원의 심판 대상, 당사자 공격·방어의 근거가 된다

소송의 대상이 소송물이기 때문에 법원은 이를 둘러싼 소송지휘와 판결을 내려야 하고[35] 당사자도 이를 둘러싸고 원고는 자기에 유리한 공격방법을, 피고는 자기에 유리한 방어방법을 제출하여 소송을 이끌어 가야 한다.

## 4. 중복제소·청구의 변경·청구의 병합의 근거가 된다

중복제소·청구의 변경·청구의 병합은 모두 소송물의 단복에 의하여 결정된다. 소송물이 동일하다면 후소는 소송 계속 중인 전소에 저촉되어 각하될 것이고, 소송의 편리와 소송경제를 도모하기 위한 청구의 병합에서도 소송물이 복수이면 청구의 병합으로 처리하게 된다.

## 5. 기판력의 객관적 범위를 정하는 데 중요한 의미가 있다

소송의 시말을 대표하는 소송물과 기판력의 객관적 범위는 더없이 중요한 위치에 있다. 기판력이 발생한 확정판결에 있어서 당사자는

---

34) 중국은 4급2심종심제로서, 한국의 3급3심종심제와 다르다. 즉 2심이 종심이기 때문에 모든 사건이 고급법원이나 최고법원까지 가지 못한다. 따라서 소송물을 기준으로 1심법원은 기층법원이 될 수도 있고, 중급법원이나 고급법원이 될 수도 있다.

35) 처분권주의에 의하여 법원은 원고가 특정하여 심판을 구한 소송물과 별개의 소송물이나 그 범위를 벗어나서 판단할 수 없다.

전소에서 판단한 소송물에 대하여 재소를 제기할 수 없으며 후소 절차에서는 전소판결을 기초로 삼아야 한다. 따라서 '소송물＝기판력'이라는 등식이 성립할 정도이다.

### 6. 이 외에도 소송물은 실체법상의 시효중단의 범위, 제척기간의 준수 범위 등 효과의 기준이 된다[36)]

---

36) 성통윤 · 유닝현, 전세서, 227민.

제3장

# 소송물 식별기준에 관한 학설

중국에 부합되는 소송물이론을 모색함에 있어서 100여 년의 연구를 거듭해 온 대륙법계 국가의 소송물이론을 허심탄회하게 정리해 볼 필요가 있다. 본 장에서는 특히 소송물이론이 발달한 독일·일본·한국·대만 등 국가와 지역의 대표적인 소송물이론을 정리함으로써 백가쟁명의 소송물이론의 발전과정과 그에 대한 간단한 검토를 해 본다.

# 제1절 구실체법설

## Ⅰ. 독일의 학설

독일에 있어서 소송물의 본질에 관하여 최초로 문제 삼은 것은 1925년의 Leo Rosenberg로서 그 이래 논쟁은 현재까지 변함없이 계속되고 있고, 오히려 논쟁의 소용돌이는 一路 열도만 가해지고 있다.[37] 이로부터 볼 때 소송물이론은 가장 먼저 독일에서 발단된 것이고 그 시초를 연구하는 것은 소송물을 연구함에 있어서 반드시 거쳐야 할 여정이다.

구실체법설에는 소송상의 청구를 실체법상의 청구권자체와 동일시하는 견해와 실체법상의 권리 또는 법률관계의 주장으로 파악하는 견해로 갈려 있다.[38] 하지만 전자는 확인의 소와 형성의 소가 나타나기 전에 독일민사소송법에서 사용한 개념으로서 지금으로서는 그 의미가 없으며 이미 제2장에서 다루었기 때문에 진정한 구실체법설의 이론으로 되고 있는 후자의 대표적인 경우를 살펴본다.


## 1. Hellwig의 견해

1900년에 Hellwig은 원고의 권리주장을 소송물의 확정표준으로 한다고 하였다. 그는 소권,[39] 소송상의 청구권 및 실체법상의 청구권 3개 개념을 구별하여 사용하였고, 소송상의 청구권은 원고가 소송과정에 제출한 권리주장이라고 하였다. 다만 Hellwig의 견해의 특색은 원고가 소송물로 권리를 주장함에 있어서는 그 권리의 종류를 구체적으로 밝혀야 한다고 했다.[40] 즉 법률적 성질결정을 원고의 책임으로 돌렸다. 이 견해에 의하면 동일한 사실관계에 기한 것이라고 하여도 법률관점의 검토에 따라서 수 개의 부동한 실체법상의 청구권이 생기게 되며 수 개의 소송물이 생기게 된다. 예를 들어 동일한

---

37) 이시윤, 선계논문, 25면.
38) 상계논문, 28면.
39) Wach가 소송물로 보는 권리보호청구권을 말한다.
40) Hellwig, Lehrbuch I, §23 Fußn 2. 재인용: 이시윤, 선세논문, 30면.

건물인도청구에서 소유권에 기한 것인지 점유권에 기한 것인지 아니면 다른 실체법상의 권리에 기한 것인지 밝힐 의무가 있다. 이 이론은 독일의 소송물이론을 근 50년간 지배하여 왔다.[41]

## 2. Lent의 견해

Lent는 소송물은 「현실적으로 존재하는」 권리가 아니라 「주장된 권리 또는 법률관계」라고 한다.[42] Hellwig의 입장과 다른 점은 원고가 소송물을 특정함에 있어서 법률적 성질까지 밝힐 필요가 없다는 것이다. 즉 원고가 청구원인을 표시함에 있어 법률적 술어를 사용할 필요가 없으며 소송물인 권리 또는 법률관계의 발생 또는 구성하는 데 필요한 사실만을 적시하면 된다고 한다.[43] 하지만 사실관계는 소송물 개념의 구성부분이 아니며 단지 소송물을 특정하는 데 一助가 되는 것이라 한다.[44]

하지만 후에 Lent는 견해를 바꾸어 이행의 소에서는 중대한 예외를 인정하게 되었다. 즉 원고가 하나의 사실관계에서 발생한 수 개의 청구권에 기하여 청구하는 경우에는 수 개의 실체법상의 청구권을 주장하였다고 하더라도 소송물은 하나라고 하였다.[45] Lent의 학설은 원고의 권리주장과 소의 청구 사이에서 갈피를 잡지 못했다는

---

41) 李龍, 前揭書, 32面.
42) Lent, Zivilprozeβrecht(10. Auf.,), S.37 Ⅲ; ders., Zur Lehre vom Streitgegenst
   −and, ZZP 65, 318. 재인용: 이시윤, 전게논문, 31면.
43) 이시윤, 전게논문, 31면.
44) 李龍, 前揭書, 33面.
45) 이시윤, 전게논문, 33면.

이유에서 一肢說을 주장하는 학자 Schwab의 비평을 받았다.[46]


## Ⅱ. 일본의 학설

1877년(明治 10년), 「독일민사소송법」이 완성된 후 일본은 독일학자들을 초빙하여 민사소송법을 기초하게 하여 明治 19년에 초안을 작성하고 明治 23년에 실행하였다. 일본민사소송법의 시대배경으로부터 볼 때 독일의 Hellwig의 구실체법설이 성행하던 때라 일본의 민사소송법학계는 Hellwig의 학설을 금과옥조처럼 여기고 있었나.[47]


### 1. 兼子一의 견해

兼子一의 이론은 일본의 구실체법설의 대표로 되고 있다. 그는 소송상의 청구는 원고가 법원에 피고와 법률관계의 적당 여부의 심판을 주장하는 것이라고 한다. 따라서 원고가 제소할 경우 화해신청을 하는 것처럼 적당한 합리적인 해결을 구하는 것이 아니고, 명확히 자신의 권리주장을 제출해야 한다고 한다. 법원은 원고 청구의 타당 여부에 대하여 판결을 해야 한다. 그러므로 원고의 청구는 필히 법률상에서 그 적당 여부를 판단할 수 있는 실체법상의 권리 혹은 법률관계여야 한다. 다시 말해서 청구는 일정한 실체법상의 권리 또는

---

46) 段厚省, 前揭書, 36面.
47) 李龍, 前揭書, 34面.

법률관계의 주장으로서 특정하지 않으면 안 되고, 그 적당 여부가 법률상에서 판단이 가능한 일정한 실체법상의 권리 혹은 법률관계여야 한다.[48]

兼子一의 견해에 따르면 이익분쟁으로 미치는 실체법상의 관리관계 혹은 형성요건이 구비된다면 서로 다른 소송물을 구성하게 된다는 것이다. 이행의 소에서는 하나의 지급청구에 여러 개의 청구권이 존재할 수 있고, 형성의 소에서도 하나의 형성청구에 여러 개의 형성원인이 존재할 수 있다.

## 2. 中田淳一의 견해

일본에서 시종일관하게 구실체법설을 주장하고 있는 또 다른 대표적 학자는 中田淳一이다.[49]

中田淳一는 원고가 제소하는 목적은 사회생활 중의 有形 혹은 無形의 「이익」을 위한 것이지만, 이러한 주장은 반드시 일정한 법률을 근거로 하여 제출하여야 한다고 한다.

中田淳一는 아주 형상적으로 다음과 같이 말한다. 소송물은 실체법으로 장식된 사회 혹은 생활의 이익주장이다. 다시 말하여 소송물은 특정한 권리 혹은 법률관계의 주장이다. 소송 중에서 원고의 수개 청구권이 경제생활의 이익 혹은 실제적 목적이 동일하다 하여도 수 개의 청구권이 실체법상에서 서로 다른 법률관계를 기초로 하고

---

48) 兼子一, 體系民事訴訟法, 162面 以下.
49) 中田淳一, 訴訟上의 請求, 民事訴訟法講座, 1卷, 161面 以下.

있기 때문에 법원은 원고가 실체법률관계를 변경하기 전에는 청구의 기초가 동일하다거나 이익의 목적이 동일하다는 이유로 원고가 주장하지 않는 법률관계에 대하여 판단을 하여서는 아니 된다고 한다.

### 3. 伊藤眞의 견해

伊藤眞도 구실체법설의 입장을 취하고 있다.[50] 즉 소송물은 원고의 청구, 구체적으로는 소장에서의 청구 취지와 원인에 의하여 특정되며 재판소의 심판의 대상으로 되는 권리관계를 가리킨다. 하지만 구실체법설의 입장에 있으면서도 원고가 소송불이 되는 권리에 관하여 법률상의 성질결정을 하는 것은 소송물의 특정을 위해 필요한 것은 아니라고 한다. 또는 단지 특정의 권리를 주장하였다고 하여도 그것이 재판소를 구속하는 것은 아니라고 한다. 원고에 의해 청구되는 것은 특정의 권리관계를 기초로 하는 데 족한 사실을 주장하는 것으로 이에 의하여 법률상의 일정한 권리관계가 성립하여 그 내용으로서 청구의 취지에 표현된 이행내용이 정당화된다면 소송물이 특정되는 것이다.

즉 伊藤眞의 입장은 독일의 Lent의 입장과 같다. 단지 伊藤眞의 교과서의 내용을 보면, 신소송물이론이 다수설인 것을 인정하면서도 종래의 통설과 현재 판례의 입장도 구실체법설을 취하기 때문에 자신은 이에 맞춰 교과서에서 구실체법설을 취하는 듯한 기미가 보인다.

---

50) 伊藤眞, 「民事訴訟法(補訂版)」(有斐閣, 2000), 163面.

## Ⅲ. 한국의 학설

한국의 학설은 1980년 전반까지는 구실체법설이 통설이었으나 그 후부터는 소수설로 되었다.[51]

방순원 교수는 소송물을 실체법상의 권리 또는 법률관계의 존부의 주장이라고 본다 하여 원고가 반드시 소송물에 관한 주장에 있어 법률적 검토를 하여 주장할 필요가 있는 것이 아니고 법률관계의 존부의 성립을 인정할 수 있는 정도의 주장이 있으면 소송물이 특정될 수 있다고 한다.[52]

방순원 교수가 신소송물이론을 반대하는 이유는, 신소송물이론이 민사소송에 있어서의 기본이념인 변론주의에 위배된다는 것과 기판력의 범위가 너무 커서 당사자의 법률생활에 불안정을 초래하는 결정적인 단점을 피할 수 없다는 것이다.[53]


## Ⅳ. 구실체법설에 대한 검토

구실체법설은 독일 민사소송법의 기초자들과 상술한 학자들에 의하여 대표된 견해이고 일본, 한국, 대만, 중국을 비롯하여 판례의 입장이기도 하다. 하지만 학설로서는 이미 한물간 것이고 오늘날에는

---

51) 박준용, 전게논문, 23면.
52) 방순원, 「민사소송법(상)」(한국사법행정학회, 1989), 290면.
53) 상게서, 289-290면.

추종자가 거의 없다. 즉 그것은 법률적 성질결정을 소송물의 요소로 보는 사람이 없다는 것이다.[54] 하지만 판례가 구실체법설을 고집하는 것과 학자들이 신소송물이론을 지향하는 것은 모두 나름대로 일리가 있을 것이므로 구실체법설의 장단점에 대하여 살펴보도록 한다.

## 1. 구실체법설의 장점

### 1) 법원심리의 편리성

구실체법설에 의하면 소송물은 당사자가 제출한 실체법상의 권리 혹은 법률관계이기 때문에 법원은 구체적인 주장에 대하여 재판을 하면 된다. 따라서 판사의 심리범위가 명확하게 특정되므로 소송을 빠르게 진행할 수 있으며 판사의 심리부담도 줄어들게 된다.

### 2) 당사자의 공격·방어의 편리성

구실체법설에 의하면 소송물은 특정한 실체법상의 권리 혹은 법률관계이기 때문에 양 당사자는 원고가 주장한 권리 혹은 법률관계에만 주의를 돌리면 된다. 원고가 주장하지 않은 실체권리 혹은 법률관계를 소송 진행 중에 주장하면 청구의 변경이 된다.[55] 따라서 새로운 소로 제기하거나 청구기초의 동일성이 없으면 별소로 제기해야 한다.

---

54) 이시윤, "소송물이론에 관한 발전과 동향", 「서울대학교 법학, 1970」, 63면.
55) 이러한 뜻에서 장점이라고 하나, 새로운 주장으로 다시 하나의 이익을 위한 소를 제기하게 되면 피고는 재차 응소해야 하고 법원도 재차 재판을 개시해야 하는 측면에서는 단점이 아니라 할 수 없다.

### 3) 기판력의 객관적 범위의 명확성

기판력은 판결주문에 포함된 판단에 한하여 발생하는 것이 원칙이다. 그런데 판결의 결론 부분인 주문에는 소송물에 관한 판단이 표시되므로, 결국 소송물에 관한 판단에 한하여 기판력이 발생하는 것이다. 그리하여 '소송물＝기판력의 범위'라는 등식이 성립한다.[56] 즉 기판력의 대상은 소송물이다.

구실체법설에서 소송물은 실체법상의 권리 또는 법률관계의 주장이기 때문에 소송물이 된 권리만이 기판력에 의해 차단되므로 기판력의 객관적 범위가 명확하다.

## 2. 구실체법설의 단점

### 1) 피고의 응소강제와 법원의 소송자원 낭비 및 분쟁의 일회적 해결에 반한다는 점

우선, 청구권 경합의 경우에 있어 원고가 한 번에 가능한 한 법적 관점에서의 분쟁처리를 요구할 경우에 소송물이 수 개이고 청구병합이 된다. 이럴 경우에는 단순병합인지 선택적 병합인지 예비적 병합인지를 판단해야 하고 그 판단에 의해서 소송상 취급이 달라진다.[57]

---

56) 정동윤·유병현, 전게서, 702면.
57) 중국민사소송에서는 단순병합만 인정하고, 선택적 병합과 예비적 병합에 대한 연구는 없다. 구실체법설은 종래의 선택적 병합은 종래의 청구권경합과 형성권경합의 경우를 처리하기 위하여 생긴 법적기술이다. 하나의 목적을 위한 청구이지만 소송물이론이 다름에 따라 一肢說에서는 선택적 병합과 예비적 병합을 인정하지 않기에 소송물이 하나로 된다.

또한 실체법상 청구권을 변경하면 청구의 변경이 되므로 변경이 허용되지 않을 경우에는 별소로 제기해야 하는 번거로움이 있고 피고는 재차 응소해야 하는 피곤함을 면치 못한다. 따라서 하나의 소송절차에서 분쟁을 해결하지 못하여 민사소송의 이상58)에 반할 뿐만 아니라 피고는 전소판결에서 승소하였음에도 불구하고 원고의 동일한 이익의 판단을 위하여 재차 응소해야 하는 큰 허점이 있다. 법원도 또한 소송경제를 낭비한다는 점에서 민사소송의 이상에 반하게 된다.

## 2) 동일한 생활이익에 여러 개의 모순되는 판결이 나올 수 있다는 점

동일한 생활이익이면서도 원고가 전소에서 제출한 청구권과는 달리 후소에서 제출한 청구권은 전소의 기판력의 차단을 받지 않는다. 따라서 같은 목적이면서 전소에서 패소판결을 받아도 후소에서 승소판결을 받는 불합리한 결과를 초래한다. 예컨대 같은 사실관계에 기한 청구금액이지만 전소에서 계약채권으로 소를 제기하여 패소하였는데 후소에서 불법침해로 소를 제기하여 승소할 경우이다.

이러한 구실체법설의 모순을 극복하기 위하여 신소송물이론59)이 등장하게 되었다.

---

58) 정동윤·유병현, 전게서, 25면.
59) 소송법설과 신실체법설을 포함한 구실체법설의 청구권경합의 모순을 해결하기 위하여 등장한 이론을 말한다.

# 제2절 소송법설

　구소송물이론은 청구권 경합의 문제에서 봉착한 난점을 해결하기
위하여 여러 가지 노력을 시도하였지만, 이렇다 할 납득할 만한 해
결방안을 제시하지 못하였다. 따라서 청구권경합의 경우에는 2개의
실체적 권리가 병존한다고 한 전제에 반성을 가해 이런 경우에는 수
단적 권리가 복수로 존재하는 데 그치고 소송으로 해결해야 할 목적
을 한 개로 보는 것이 적당하지 않겠는가 하는 인식이 신소송물이론
의 기본입장이다.[60]

## Ⅰ. 二肢說(二元說, 二分肢說, 二節的 訴訟物理論)

　이 설은 신청(청구)과 사실관계의 두 가지 소송법적 요소에 의하
여 소송물이 구성된다고 하는 견해이다. 아래 동 이론을 취하는 학
자들의 견해를 살펴보도록 한다.

---

60) 三ヶ月章, 「民事訴訟法第3版」(弘文堂, 平成 5年), 97面.

## 1. 독일의 학설

### 1) Leo Rosenberg의 견해

1927년 Leo Rosenberg은 저서 「민사소송법」 제1판에서 소송물은 소의 신청과 이를 이유 있게 하는 사실관계로서 확정되어야 한다고 하였다.[61] 여기서 말하는 사실관계는 법률적 검토를 받지 않은 자연사실로 보는 것이다. 따라서 하나의 자연사실이 여러 개의 법률관계를 구성한다 해도 하나의 사실관계로 보기에 따라서 소송물도 하나이다.

사실관계에 있어서 Leo Rosenberg은 구체적인 구성요건 사실이라고 하여 고립된 역사적 개별현상으로 보고 있다. 이 설에 의하면 한 개의 혼인사실에 의한 이혼청구소송에서 부정한 행위나 악의의 유기에 의해 청구할 경우 서로 다른 소송물이 되며, 목적물의 매도사실로 대금청구를 하였다가 다시 소비사실로 변경하면 청구의 변경이 된다고 한다.[62]

이 견해에 따르면, 二肢說은 신청과 사실관계에 똑같은 비중을 두고 있다. 따라서 신청과 사실관계 중 하나가 다르면 소송물이 다르게 된다. 예를 들어, 어음발행 사실과 매매사실이라는 2개의 사실관계가 존재할 경우, 같은 이행청구가 하나라 하여도 소송물은 다르게 된다. 이혼소송의 경우, '심히 부당한 대우'를 한 것과 '부정행위'를 한 것은 사실관계가 달라서 소송물이 다르다고 본다. 사실관계가 같

---

61) 段厚省, 前揭書, 39面.
62) 이시윤, 전게논문, 46면.

아도 신청이 다르다면 역시 다른 소송물이 된다. 예를 들어, 중국 혼인법 제10조 1항에 의하여 원고가 중혼의 사유를 들어 혼인의 무효를 주장하여 패소한 경우, 다시 중국혼인법 제32조 3항에 의하여 중혼의 사유로 이혼청구를 할 수 있다. 이 사안에서, 사실관계는 하나지만, 신청이 다르기 때문에 소송물이 다르게 되는 것이다.

이런 단점이 있는 이유로 Leo Rosenberg은 교재 제6판에 이르러서는 一肢說의 입장으로 바꾸었다.

### 2) Nikisch의 견해

1935년, Nikisch는 「민사소송상의 소송물이론」이란 저서에서 소송물은 원고의 권리주장이라고 하였다. 즉 원고가 법원의 실체상의 권리 혹은 법률관계에 대하여 확인을 구하는 주장이라고 하였다. 이러한 주장은 추상적인 법률효과의 주장이라고 하였다. 예외적으로 확인의 소에서만 구체적인 권리주장이라고 하였다. 하지만 소송물의 식별표준에 있어서 이행의 소와 형성의 소는 사실관계에 의거해야만 확정할 수 있다고 하였다. 주의할 것은 Nikisch이 주장하는 사실은 청구권 존재의 기초 즉 법률사실을 말하는 것이므로 Leo Rosenberg이 말하는 자연사실과는 다른 것이다.[63]

### 3) Arens의 견해

Arens는 소송상의 청구권(소송물)은 실체법에 의하여 결정되는 것

---

63) Nikisch, Der Streitgegenstand im Zivilprozess, 1935, S. 19 f. 재인용: 段厚省, 前揭書, 40面.

이 아니라, 신청과 일정한 기간의 사실경과로서 구성된 이유로 확정된다고 하였다.[64]

여기서 말하는 사실관계란 생활사실관계 혹은 역사적 사건을 말한다. 원고는 소장에서 전부의 사실을 기재할 필요가 없고 단지 동 사실과 기타 역사사건을 구별할 수 있는 정도이면 된다고 한다. 확인의 소에서는 특정한 권리확인으로 소송물이 확정된다고는 하나 처분권주의와 변론주의의 원칙하에서 어느 사실관계에 기하여 권리주장을 하는가를 밝혀야 한다고 한다.

### 4) Thomas와 Putzo의 학설

Thomas와 Putzo는 동일한 사실관계에 기하여 하나의 신청을 할 경우, 소송물은 하나이고 몇 개의 신청을 주장할 경우 소송물은 복수라고 한다. 특히 금전이나 종류물의 경우 단순히 신청으로는 원고가 몇 개의 주장을 하였는지 알 수 없다. 이런 경우에 비록 외관상에서 하나의 신청으로 보이지만 몇 개의 신청을 포함하는 경우가 가능하다. 예를 들어, 교통사고로 인한 배상금 청구에서 신청은 의료비, 위자료, 수입손실 등 3개의 신청을 포함할 수 있다. 이런 경우에 실제상에서 소송물은 3개인 것이다. 하지만 이런 경우에도 원고가 어떤 실체법상의 권리에 의해 청구하였는가는 상관이 없다.[65]

사실관계에 대하여 Thomas와 Putzo는 사실관계는 법률관계를 구성하는 각 구성요건사실을 말하는 것도 아니고 독립적인 개별적 사건을 말

---

64) Arens, ACP 170(1970), S.424. 재인용: 李龍, 前揭書, 48面 以下.
65) Arens, aao., Rn.163, 165. 재인용: 상계서, 50면.

하는 것도 아니라고 한다. 여기서 말하는 사실관계는 신청을 하는 이유사실을 말하며 생활사실관계(Lebenssachverhalt)를 포함할 뿐만 아니라 신청의 기초로 되는 사실상의 현상(Tatsachliche Geschehen)이며 동시에 자연적 관찰방법으로 거래 관념에 맞게 공동으로 구성된다고 한다.[66]

따라서 한 개의 혼인사실에 의한 이혼청구소송에서 부정한 행위나 악의의 유기에 의해 청구한다 해도 하나의 생활사실관계에 흡수되기 때문에 소송물은 하나라고 한다. 또한 목적물의 매도사실로 대금청구를 하였다가 다시 소비사실로 변경하여도 청구의 변경이 아니라고 본다. 하지만 일정한 금원의 청구를 어음발행사실과 그 원인관계인 매도사실을 원인하여 청구하는 경우에는 사실관계가 다르다고 본다.

二肢說을 취하는 독일 학자들 중에서 사실관계를 가장 넓게 보는 관점이다. 거의 一肢說에 가까운 견해라고 보인다.


## 2. 일본의 학설

松本博之・上野泰男은 소송물은 법률효과의 확정을 위한 요구로서 원고의 신청 나아가서 이유를 위하여 제출해야 할 사실관계라고 해석해야 한다고 한다.[67]

二肢說에서 서로 다른 신청인지 여부는 쉽게 판단을 할 수 있다. 하지만 서로 다른 사실관계가 존재하는지에 대해서는 가끔 곤란한 문제에 봉착하게 된다고 한다. 특히 추가적 사실진술이 동일한 생활

---

66) Thomas, Putzo, ZPO, 15Aufl. 재인용: 상계서, 51면.
67) 松本博之・上野泰男, 「民事訴訟法」(弘文堂, 1998), 135面 以下.

사실관계의 범위 내에서의 보충적 진술인지 아니면 주장한 사실관계 자체의 변경인지는 이론적으로 일률적인 결론을 내리기 어렵다고 한다. 이런 경우에 실체법상의 청구권의 요건을 기준으로 청구원인의 동일성을 판단하는 것은 소송법상의 소송물이론의 장점을 포기하는 것으로 취할 바가 못 된다. 결국은 거래관념에 따라 동일한 생활사실의 여부를 판단할 수밖에 없다고 한다.

## 3. 한국의 학설

### 1) 정동윤·유병현 교수의 견해

정동윤·유병현 교수는 분쟁을 일거에 포괄적으로 해결할 수 있도록 넓은 소송물개념을 택하는 것은 공익에 봉사한다고 한다. 왜냐하면 그것은 같은 분쟁에 관하여 반복하여 국가의 사법기관을 이용하는 것을 방지하기 때문이다. 그러나 다른 한편 분쟁의 1회적 해결은 당사자의 사권실현의 기회를 적게 하거나 배제하기 때문에 위 상반되는 이익을 고려하여 소송물의 개념을 결정하여야 한다고 한다. 따라서 위 양 이익을 적절하게 소화할 수 있는 二肢說의 입장이 타당하다고 본다.[68]

### 2) 호문혁 교수의 견해

호문혁 교수는 二肢說의 근거를 현행 소송법과 변론주의에 있다고 본다. 민사소송법은 원고가 소송상 청구를 특정하여야 함을 전제로 하

---

68) 정동윤·유병현, 전게서, 238면.

여, 소장에는 당사자, 청구취지와 청구원인을 반드시 기재하도록 규정하였다. 이는 소송물은 청구취지와 청구원인으로 특정된다는 것을 뜻하고, 청구원인에는 그 청구를 다른 청구와 식별할 수 있는 정도의 사실관계를 기재하여야 함으로써 결국 소송상청구는 청구취지와 사실관계로 특정된다고 한다. 그리고 민사소송의 대원칙인 변론주의에 의하여 당사자가 주장하지 않는 사실은 법원이 심리할 수 없으므로 만일 사실관계를 고려하지 않고 청구취지만으로 소송물을 특정하게 되면 소송물의 범위와 법원의 실제 심판범위가 일치하지 않아 구체적 타당성에 문제가 있다고 한다. 따라서 구체적 타당성을 위하여 사실관계를 포함시켜 소송물의 개념을 정의해야 한다고 한다.[69]

호문혁 교수와 정동윤·유병현 교수의 견해의 차이는 전자는 이행의 소와 형성의 소에서만 소송물이 청구와 사실관계에 의하여 특정된다고 보고 후자는 모든 종류의 소에 관철하여 소송물이 청구와 사실관계에 의하여 특정된다고 본다. 二肢說의 특징은 바로 사실관계에 있다고 할 수 있으며 이 사실관계를 어떻게 보느냐에 따라서 二肢說 내부에서도 소송물이 통일되지 못하고 있다. 아래에 사실관계에 대하여 한층 더 분석해 보고자 한다.


## 4. 사실관계에 대한 재검토

사실관계를 판단함에 있어서 주로 대두되는 이론을 종합하여 보면 세 가지가 있다. 즉 사실관계의 넓이의 크기에 따라 차례로 법률요

---

69) 호문혁, 전게서, 115면.

건적 사실관계설, 역사적 사실관계설, 생활사실관계설이다. 二肢說을 연구함에 있어서 사실관계에 대한 판단이 가장 중요하면서도 해결하지 않으면, 청구의 병합·변경·중복제소 나아가 기판력의 문제에서도 마찬가지로 걸림돌이 되는 부분이고 二肢說을 취하는 학자들이 고민하고 있는 문제이다.

## 1) 법률요건적 사실관계

법률요건적 사실관계는 실체법상의 권리 또는 법률관계를 구성 또는 발생하는 데 필요한 사실관계를 말한다. 즉 권리발생원인 사실로 가장 좁게 보는 견해이다. 하나의 법률관계를 구성하는 요건사실이면 하나의 사실관계로 보기에 따라서 구실체법설과 다를 바 없다. 예를 들어 하나의 전차사고로 피해를 입었다는 사실이 불법행위요건과 계약위반요건에 부합되는 2개의 요건사실이 되는 것이다. 신청과 사실관계에 의한다고 하지만 결국 구실체법설과 같게 되므로 이런 입장을 취하는 학자들은 거의 없다.

## 2) 역사적 사실관계

이 설에 의하면 역사적으로 개별사실로 볼 수 있는 사실들은 다른 사실관계를 구성한다고 한다. 예를 들어, 포도주의 매매사실과 1년 후의 소비사실은 전·후 다른 역사사실이기 때문에 서로 다른 사실관계이나. 또한 부정행위와 익의의 유기도 서로 다른 시점에서 발생한 사실이기 때문에 사실관계가 다르다고 본다. 어음발행사실과 매매계약 사실도 다르다고 본다. 즉 주로 시간의 흐름에 따라 역사적 단면으로 볼 수 있는지가 판단의 표준이 된다. 어떻게 보면 별도의 사실관계로 보는 판단기준이 가장 명확하고 자연적 사실관계에도 부합되는 관점이다. 하지만 하나의 이행청구이지만 여러 개의 사실관계가 있고 동일한 형성청구지만 여러 개의 형성원인 사실이 있게 되어 청구의 병합·변경·중복제소의 문제에서 문제가 발생하게 된다.

### 3) 생활사실관계설[70]

이 설에 의하면, 사실관계는 개별적인 경과가 아니라 생활사실관계와 관련시켜 보아야 한다고 한다. 하지만 생활사실관계를 봄에 있어서도 계속적 법률관계[71]와 일상적 법률행위로 나누어 이중적 사실관계로 보고 있다. 따라서 계속적 법률관계에 있어서는 사실관계를 시간적으로 아주 넓게 보고, 일상의 법률관계에 있어서는 거래관념에 의하여 사실관계를 계속적 생활사실관계보다 훨씬 좁게 보고 있다. 사실관계를 가장 넓게 보는 관점이다. 하지만 거래관념 역시 확정적인 표준이 없으며 보는 사람에 따라 달라질 수 있으며 그 판단표준이 모호하기 때문에 사실관계 판단에서 절대적 지위를 얻지 못하고 있다.

### 4) 검 토

제4장의 청구의 병합·변경·중복제소의 문제에서 다루겠지만 상

---

70) 김상훈, "소송물에 관한 연구", 연세대학교 대학원 박사논문, 1996년, 454면 이하.
71) 혼인관계, 계약관계, 조합관계 등을 들고 있다.

술한 세 가지 경우에는 소의 신청에만 의해 소송물을 판단하는 것이 민사소송의 이상인 신속·경제에 부합될 뿐만 아니라 공평·적정에 도 해를 미치지 않는다. 하지만 획일적으로 신청에만 의해 소송물을 가리면, 기판력의 객관적 범위가 너무 넓어 원고의 제소권을 제약하 게 된다. 이런 단점을 피함에 있어 二肢說이 전소에서 심리되지 않 은 사실관계에 기하여 동일한 청구를 다시 할 수 있으므로 원고의 권리를 一肢說보다 더 넓게 보호해 줄 수 있다.

하지만 이 이론은 어디까지나 사실관계를 정확히 판단할 기준이 없으면 기판력의 문제에서 보았다시피 자칫하면 구실체법설에 접근 할 수도 있고, 생활사실관계처럼 넓게 보면 一肢說과 나를 바 없는 결론을 지을 수 있다. 결국 기판력의 문제에서 二肢說의 장점이 부 각되는데 이 문제는 뒤 부분에서 다루고자 한다.

## 5. 二肢說에 대한 검토

### 1) 二肢說의 장점

二肢說의 주요장점은 하나의 사실관계 또는 생활경과로부터 동일 한 목적을 가진 여러 개의 실체법적 청구권이나 형성권이 발생하는 경우에 소송물의 단일을 기할 수 있어서 구실체법설의 난점을 피할 수 있다는 섬이나.[72] 또한 기판력의 범위를 판단함에 있어서 전소에 서 심리하지 않은 사실관계는 기판력의 차단을 받지 않고 후소로 제 기할 수 있어 원고의 소권의 보호에 유리하다는 것이다.

---

72) 정동윤·유병현, 전게서, 231－232면.

### 2) 二肢說의 단점

二肢說의 제일 큰 단점은 사실관계에 대하여 의견이 크게 갈리고 있다는 것이다. 사실관계를 좁게 해석하면, 형성의 소에서 '악의의 유기'와 '부정한 행위'를 하는 것은 서로 다른 사실관계로 되며 구실 체법설과 같은 결론에 이르게 된다. 사실관계를 생활사실관계로 파악하면 여러 개의 사실관계라 해도 하나의 사실관계로 보기에 따라서 一肢說에 가까운 결론에 이른다. 즉 사실관계에 대한 모호한 판단이 二肢說의 단점으로 되고 있다.

이 밖에도 생활사실관계가 모호하다는 것은 별론으로 하더라도 생활사실관계라고 하는 것은 독일실정법의 산물이라고 하는 견해도 있다.[73]


## Ⅱ. 一肢說(一元說, 申請一本說, 一節的 訴訟物理論)

이 설은 소송물은 오직 신청에 의해 결정되며 사실관계는 소송물의 구성요소가 아니라고 보는 견해이다. 즉 청구취지만이 소송물이 하나인가 둘인가, 다른가 같은가를 식별하는 기준이라고 보는 견해로서 소송물의 범위를 가장 넓게 잡는 입장이다.[74]

---

73) 김상훈, "소송물론상의 생활사실관계에 관하여", 「민사소송」 제1호, 1998, 457면.
74) 김홍규, 「민사소송법(제4판)」(삼영사, 1999), 241면; 이시윤, 전게서, 205면; 김상훈, "소송물에 관한 연구", 연세대학교 대학원 박사논문, 1996, 75면.

## 1. 독일의 학설

최초로 이 이론을 창시한 사람은 Bötticher인데 다만 혼인소송의 특수 분야에 국한하여 고찰하였던 것이며, 1954년에 Schwab가 민사소송의 전역에 이르러 이 이론을 관철시켰다.[75]

따라서 한 개의 혼인사실에 의한 이혼청구소송에서 부정한 행위나 악의의 유기에 의해 청구한다 해도 신청이 하나이기 때문에 소송물은 하나라고 한다. 또한 목적물의 매도사실로 대금청구를 하였다가 다시 소비사실로 변경하여도 신청은 동일한 대금에 대한 것이기 때문에 청구의 변경이 아니라고 본다. 뿐만 아니라, 일정한 금원의 청구를 어음발행사실과 그 원인관계인 매도사실을 원인으로 하여 청구하는 경우에도 하나의 이행신청이기 때문에 소송물은 하나라고 본다.

하지만 一肢說은 기판력의 범위에까지 일관시키고 있는 것은 아니라고 한다. 즉 기판력의 한계를 정함에 있어서는 사실관계를 끌어들여 그 범위를 좁히고 있다. 따라서 전소에서 제출한 사실과 관계없는 사실관계는 기판력에 의하여 차단효나 배제효를 받지 않는다고 히며 따라서 전소와 같은 판결시청의 신소를 제기할 수 있다고 한다. 이런 입장에서 보면, 一肢說의 이론은 청구의 병합·청구의 변경·중복제소에 한하여 관철시키고 있을 뿐이고, 기판력의 범위를 기리는 데는 사실관계를 끌어들여 기판력의 한계를 가리는 표준으로 삼고 있다.[76]

---

75) 이시윤, 전게논문, 47-48면.
76) Schwab, Jus, S. 154, 162. 재인용: 이시윤, 상게논문, 50-51면.

## 2. 일본의 학설

### 1) 三ケ月章의 견해

#### (1) 이행의 소에서의 소송물의 구성[77]

① 이행의 소의 소송물은 상대방으로부터 일정한 이행을 구할 법률상의 지위가 있다는 권리의 주장(법률상의 주장)이라고 한다. 실체법상의 소위 청구권의 경합이 시인되는 경우라도 실체법질서가 시인하는 것은 단일한 1회의 이행을 받는 것으로 되어 있지 결코 2회의 이행이 시인되는 것이 아니기 때문에 청구권 경합의 경우라 함은 실체법이 보장하는 한 개의 이행을 주장하는 법적 지위를 기초로 하는 법적 관점이 복수라는 것에 지나지 않는다.

② 이행의 소의 소송물을 상술한 바와 같이 파악할 경우, 이행의 소에서 해결해야 할 분쟁의 실태에 대응한다. 이행의 소를 제기하는 원고의 진의를 탐구하여 보면 원고로서는 특정물의 인도를 구할 수 있는지 여부가, 일정한 금액의 지급을 구할 수 있는지 여부가 관심사이지 어떠한 근거에 의하여 그것을 구하는가 하는 것은 원고의 주관에 있어서 분쟁의 핵심으로 생각되는 것은 아니다. 바로 이런 사태에 대응하여 이행의 소에 있어서 청구의 취지며 판결의 주문도 그런 법적 성질의 결정을 버리고 이행명령의 결론만을 기재한다. 이행판결의 기판력은 인도청구권의 존부(이것도 실은 이행의 실현과 함께 목적에 도달하여 법의 세계에서 자태가 소멸하는 것이다)에 한하

---

77) 三ケ月章, 「民事訴訟法(第3版)」(弘文堂, 平成 5年), 108 – 110面.

여 미치고 그 기초로 되는 법률관계의 존부(예를 들어 소유권의 존부)에는 미치지 않는다고 한다.

이처럼, 실체법상의 청구권을 특정하는 것이라고 하는 것은 원고에 定立할 필요가 요구되는 소송물의 개념 중에 요소라고 보아서는 아니 되기 때문에, 당사자가 제출한 사실에 기초하는 한 원고가 주장한 청구권과 다른 청구권을 시인하여 청구한 이행을 명령하였다 해도 신청하지 않은 사항에 기한 판결에는 해당되지 않는다고 한다.[78]

### (2) 이행의 소의 소송물의 특정·식별의 기준[79]

① 이행의 양태에 의한 차이의 존재

한마디로 이행소송에 있어서도 특정물의 인도청구 나아가 일정한 作爲·不作爲의 청구의 경우와 금전 또는 대체물의 일정한 수량의 인도청구의 경우에서는 소송물의 특정·식별의 기준이 다르기 때문에 여러 가지 점에서 소송실천상의 상이한 점을 초래하는 면이 있는 것은 부정할 바가 아니다.

② 특정물의 인도를 구하는 소송

이행의 소의 소송물이 상상대방으로부터의 이행을 구하는 법적 지위가 있다는 주장인 입장에 선 이상, 특정물의 인도청구(및 作爲·

---

78) 이런 입장에서는 법원이 모든 법적인 판단을 해야 하는데 이는 변론주의에 위배될 우려가 있다. 왜냐하면, 가 청구권의 시효, 입증책임 등이 모두 다르고 피고의 항변이 필요한 사항인데 법원이 사실관계에 의하여 원고가 주장한 청구권과 다른 청구권을 인용하게 되면 피고의 이익을 해하게 되기 때문이다.

79) 三ケ月章, 前揭書, 110－112面.

不作爲)의 경우에 있어서는 인도의 특정물을 표시하는 데 따라서 분쟁의 대상, 나아가서 소송물이 특정·식별이 된다고 한다. 따라서 이러한 경우는 청구의 취지에 의해 '어느 물건을 인도하라.', '어떤 행위를 하라.'라고 쓰는 것만으로도 소송물이 특정되고 확인의 소와 형성의 소의 경우에도 취지를 같이하면서 소송물을 특정하기 위하여 청구원인으로써 보충할 필요는 없다고 한다.

③ 금전(대체물)의 일정수량의 이행을 구하는 소송

청구원인에 의한 특정의 필요가 있다. 금전 및 대체물의 일정수량의 이행을 구하는 경우에는 2)의 경우와 달리 단지 '금 몇 만 엔의 지급'을 구하거나 '쌀 몇 섬의 인도'를 구한다는 표시만으로는 소송물이 특정되지 않는다. 왜냐하면 동일한 당사자 간에 동일내용의 이행의무가 중첩하여 인정될 수 있기에 그중의 어느 이행의무에 관하여 재판을 구하는가를 명확히 하지 않으면 아니 된다.

이런 경우에 청구의 취지의 기재사항(금 몇 만 엔을 지급하라.)과 더불어 이것을 보충하여 소송물을 특정 하는 데 필요한 요소로서 소장의 필요적 기재사항으로서 기재가 요구되는 사실관계를 청구의 원인이라고 한다. 이처럼 소송물을 특정하기 위하여 청구의 취지만으로 부족하고 '청구의 원인'이 필요한 경우로 금전·대체물의 일정수량의 이행을 구하는 하나의 특성이 있게 된다.


(3) 확인의 소의 소송물

① 확인소송의 소송물은 원고가 청구취지에 표시한 일정한 권리·법률관계의 존부에 관한 권리주장(법률상의 주장)이다. 이 점은 일본

의 통설이다. 이리하여 확인의 소에 있어서 이행의 소나 형성의 소와 달리 일본에서는 신·구 이론이 모두 공통의 소송물 개념을 정립하고 있다고 한다.

또한 확인의 소는 기판력이 공권적 분쟁해결의 유일한 수단이란 사실이 자연히 확인소송의 소송물의 구성을 규정한다. 앞서 본 바와 같이, 이행의 소의 소송물로서의 권리는 만족에 의해 소멸하는 것이고 형성소송의 소송물인 형성권이며 형성요건은 형성판결과 동시에 목적을 이루어 의미를 잃는 데 비하여 확인소송의 대상인 권리는 기판력이 있는 확정에 의해 장래의 법률관계의 규율에 중요한 의미를 계속하고 있는 것이므로 확인소송의 소송물에 있어서는 그 권리의 법률적 성질결정이 소송물의 본질적 요소로 포함되어 있는 것이라고 한다.[80]

### (4) 형성의 소의 소송물

#### ① 二肢說의 타당성[81]

형성소송이라고 하는 것은 종종 잡다한 것이 포괄되어 있는 것이 실정이기에 형성소송의 소송물을 고려함에 있어, 실체법상의 형성의 소인지 소송상의 형성의 소인지 어떠한 형성적 효과가 인정되는가 하는 상태에 기능의 개별적인 분석을 시도한 끝에 소송물개념을 극히 세밀히 구성하는 것이 특히 필요한 것이라고 한다. 형성소송은 이행의 소나 확인의 소와 달리 정도의 차이야말로 구제소송적 성격[82]

---

80) 상게서, 120-121면.
81) 상게서, 132-133면.

을 지닌 면이 있다는 것은 부정할 수 없는 것이기에 확인소송이나 이행소송의 경우에 있어서처럼 분쟁의 1회성이라고 하는 이념을 무반성하게 관철하는 것은 문제가 있다고 한다. 이처럼 그 소송물 개념을 구성하는 데 있어서는 이행의 소에 확실히 異質성을 부각시킨 원인채권과 어음채권의 관계의 처리에 돌린 배려와 상당한 관심을 곁들일 필요가 있다고 한다. 이러한 경우에는 법률이 형성요건으로서 규정하고 있는 사실관계를 각기 소송물을 별개로 하는 가능성을 원고가 선택할 수도 있고, 반대로 2개의 사실관계를 하나의 형성을 구하는 법률상의 지위를 기초로 하는 수단으로서(공격·방어 방법으로서) 사용할 수도 있는 사실관계의 이중구조를 인정하면서 이에 입각하여 형성소송의 소송물이론을 구성하는 것이 적당한 것으로 된다. 구체적으로 말하여 법이 인정하는 형성요건의 하나를 재판상의 주장으로서 소를 제기하는 경우에는 매개 형성요건마다 소송물은 별개로 되는 것이기 때문에 그것에 내린 판결의 기판력은 그 요건부터 생긴 형성의 可否에 관하여만 미친다고 보아야 하고 그 외에는 미치지 않는다고 한다. 반면, 별개의 형성원인으로서 인정되는 A·B 2개의 사실을 당사자가 동일소송에 주장한 경우에는 원고는 이것저것의 사실관계가 지닌 별개화의 소송물 기능을 이용하는 것을 단념하고 형성

---

82) 일본에서 새롭게 논의되고 있는 이론인데 재심소송과 행정관계소송에서 시작하여 소송법상 형성의 소로 확충된 것이다. 즉 재심의 소에서처럼 A·B·C 사실관계가 있을 경우, A에 기하여 재심의 소를 제기하였다가 패소할 경우에도 기판력은 B, C에 미치지 않는다. 재심의 소가 가지는 구제의 기능과 마찬가지로 형성의 소에도 그 구제적 기능이 있기 따라서 二肢說의 입장을 취하여 서로 다른 사실관계는 별개의 소송물을 구성한다고 보는 것이다. 이러한 입장은 개별 역사적 사실관계로 보는 것이다.

의 효과를 기초로 하기 위한 공격방법으로서 그 사실을 주장하고 있다는 관계가 현실화되고 있기 때문에 청구의 병합으로 처리할 필요는 없고 A · B 2개의 사실의 처리는 서로 다른 공격 · 방어방법이 동일소송에 상정한 것으로 보아 처리하면 좋다고 한다.[83]

② 이에 또 예외적으로 인사소송[84]의 경우에는 신분관계의 획일적 확정의 요청으로부터 명문으로 별소의 금지(일본인사소송수속법 제9조)가 되어 있기 때문에 러한 원칙이 있는 경우에는 1)에서와 같은 사실관계의 2개 기능의 사용이 봉해져 있다고 한다. 따라서 이런 경우에 사실관계는 모두 공격방법에 지나지 않는다고 한다.[85]


### (5) 三ケ月章의 견해에 대한 검토

三ケ月章의 견해를 종합하여 보면, 모든 유형의 소송을 형식적으로 하나의 이론으로 구성한 것이 아니고 각 소송의 분쟁해결기능을 달리 보고 해석하고 있다. 즉 이행의 소와 확인의 소에서는 一肢說의 입장과 비슷하게 되고, 형성의 소에서는 기판력의 문제에서 후퇴한 一肢說의 입장을 취하고 있는 것이다. 전체적인 분석으로부터 볼 때 三ケ月章 교수의 견해는 대체로 一肢說의 입장으로 이해가 된다.

---

83) 三ケ月章의 형성의 소의 입장에 대하여 이시윤의 박사논문 '소송물에 관한 연구'에서는 형성의 소의 소송물은 원고가 재판에 의한 형성을 구하는 법적 지위에 있다는 권리수장이라고 하며 개개의 사실은 청구를 뒷받침하는 것뿐이지 사실관계에 이하여 소송물이 별개로 되지 않는다고 이해하고 있다.
84) 혼인관계 등을 말함.
85) 三ケ月章, 前揭書, 133 – 134面.

### 2) 小山昇의 견해

小山昇은 청구는 원고의 피고에 대한 주장으로서 생활이익의 주장이며 어떠한 법적 효과(예를 들어 권리, 의무 등)로서 실체법상에 의해 승인되어 있는 생활이익의 주장이라고 한다.[86] 즉 小山昇은 청구를 법적 효과의 내용의 주장으로 보고 있는 것이다.

이것은 어떠한 종류의 이익주장이라도 좋다는 것이 아니고 민사소송에 있어서 분쟁은 법을 기준으로 하여 즉 법규를 적용하여 해결하는 것이다. 법적 효과인 권리를 승인하는 것은 이익향유를 승인하는 것밖에 없다. 왜냐하면 권리라는 것은 이익향유를 법적으로 승인하는 것을 의미하는 것이기 때문이다. 청구는 이러한 주장이 있으면 족한 것이고 실체법상 요건사실에 있어 식별된 법률효과에 해당한 권리의 주장이 있을 것을 필요로 하는 것은 아니라고 한다.


#### (1) 이행의 소에서의 소송물의 특정

이행 청구는 일정한 목적(객체)을 이행해야 한다는 주장으로서 이행의 목적을 특정하는 것으로 청구가 특정되는 것이라고 한다. 이행의 목적에는 특정물·금전·대체물의 일정한 수량, 作爲·不作爲, 의사표시 등이 있다.[87]

특정물의 인도청구는 인도목적물의 특정에 의해 특정된다. 따라서 인도청구를 이유로 하는 실체법상의 청구권에 특정되는 것은 아니라고 한다. 예를 들어, 소유권자가 자기가 소지하고 있는 물건을 불법

---

86) 小山昇,「民事訴訟法(5訂版)」(靑林書院, 1989), 145面.
87) 상게서, 147면.

으로 침탈한 자를 상대로 특정물의 인도를 구할 경우, 그 이유로서 소유권에 기한 반환청구권과 점유권에 기한 회수청구권을 주장한 경우 청구를 특정하는 것은 실체법상의 청구권이 아니기 때문에 2개의 청구가 특정되는 것은 아니고 한 개의 특정청구가(2개의 이유를 붙여 함께) 주장된 것이라고밖에 볼 수 없다고 한다.

금전을 목적으로 하는 이행청구는 금전을 특정하는 것에 의해 특정된다. 여기서 말하는 금전은 물질로서의 금전을 말하는 것은 아니고 어느 단위로서 산정한 가치를 말하는 것이다. 따라서 有體物과는 달리 그 자체로서는 다른 물건과 구별이 되지 않는다. 따라서 기타의 事情(사회적 사정, 역사적인 사실경과)에 의해 특정할 필요가 있다. 다만, 이러한 사정에 적용시킨 결과에 해당하는 특정의 이행청구권으로써 특정할 것이 반드시 필요한 것은 아니라고 한다.

대체물의 일정한 수량의 인도청구는 그 목적물 자체에 이행이 특정될 수 없다. 따라서 이 경우도 금전의 인도청구에 준하여 해결해야 한다.

作爲・不作爲・의사표시에서 作爲를 구하는 청구는 목적이 되는 作爲를 특정하는 것에 의해 특정된다. 作爲는 그 종류・양태・장소 등을 특정하는 데 의해 특정될 수 있다. 不作爲를 구하는 청구는 해서는 안 될 作爲를 특정하는 데 의해 특정된다. 의사표시를 구하는 청구는 의사표시의 종류・내용・상대방 등을 특정하는 데 의해 특정된다고 한다.

### (2) 확인의 소의 청구의 특정방법

어떠한 생활이익 향유의 정통성의 주장이 확인청구의 실질이기 때문에 이것을 특정하는 데 생활이익의 특정이 필요하다. 생활이익의 특정 방법은 이익의 樣相에 따라 여러 가지가 있다고 한다.

권리가 물권일 경우에는 물권은 물권의 목적물과 물권의 종류를 특정하면 청구는 특정된다. 권리가 채권일 경우에는 채권은 채권의 목적물과 채권의 발생 원인을 특정하는 것에 의해 특정된다. 확인의 대상이 신분적인 권리관계일 경우에는 관계의 종류와 관계의 당사자를 특정하는 것으로 특정된다고 한다.

그러나 확인청구는 권리를 특정하는 것에 의해서만 특정되는 것은 아니라고 한다. 예를 들어 어떠한 토지를 점유 사용하는 이익을 향유하기 위한 정통성을 주장하기 위해서는 그 '토지'를 특정하여 토지에 대한 관계를 '이용'이라고 특정하면 청구의 특정에는 충분하다고 한다. 즉 임차권에 의해 특정하든지 지상권에 의해 특정하든지 청구의 특정을 위해서는 필요하지 않다고 한다. 실체법상의 구체적 권리는 청구를 이유 있게 하기 위한 공격방법일 뿐이라고 한다. 채권의 경우에도 역시 마찬가지라고 한다. 구실체법설보다는 넓은 의미의 확인청구를 인정하는 것으로 보인다.


(3) 형성의 소의 특정방법

형성청구를 특정함에 있어서 새로운 생활관계를 창조하는 것을 구하는 경우에는 창조시켜야 할 새로운 관계를 특정하면 족하고, 在來의 생활관계를 해소하는 것을 구하는 경우에는 해소시켜야 할 낡은 관계를 특정하면 족하다고 한다. 또한 어떠한 행위의 취소를 구하는 경우에는 그 행위를 특정하면 족하다고 한다.

생활관계를 특정함에 있어서는 생활관계의 종류와 관계 당사자를 특정하는 것으로 족하다고 한다. 행위를 특정함에 있어서는 행위자와 행위의 종류와 행위의 일시·장소를 특정하면 족하다고 한다.

### (4) 小山昇의 견해에 대한 검토

小山昇의 견해를 종합하여 보면, 이익주장이란 입장 아래 청구의 취지만으로 소송물을 특정하는 것으로 된다. 다만, 금전이나 대체물의 전, 후소의 청구의 구별을 위해서 사실관계를 참작할 필요가 있을 뿐이지 이로써 청구가 특정이 되는 것은 아니라는 것이다. 대체로 一肢說의 입장이라고 볼 수도 있다.

## 3. 한국의 학설

이시윤 교수는 원고가 소로써 달성하려는 목적이 신청에 선명히 나타나므로 신청이야말로 분쟁의 진실한 대상이고 소송물의 구성요소라고 한다. 다시 말하면 청구취지만이 소송물이 하나인가 둘인가, 다른가 같은가를 식별하는 기준이라고 보는 견해로서, 소송물의 범위를 가장 넓게 하는 입장이다. 하지만 예외적으로 금전 지급이나 대체물인도청구소송에 있어서는 청구취지가 너무 단순하고 간단하여 판결신청이 하나인지 둘인지, 또 같은 것인지 아닌지의 해석을 위해 청구원인의 사실관계를 참작해야 하며, 이 경우에는 청구원인인 사실관계의 보충에 의해서 소송물이 특정된다고 본다.[88]

---

88) 이시윤, 전게서, 205면 이하.

다만, 기판력의 대상은 청구취지에 밝힌 법률효과의 존부인데 실제 판결이 확정된 뒤 기판력의 내용을 정확히 파악할 때 청구인용의 판결에 있어서는 원칙적으로 청구취지에 대응하는 판결주문을 참작하는 것으로 족하다고 한다. 하지만 청구기각의 판결에 있어서는 어떠한 청구나 막론하고 단순히 판결주문에서 「원고의 청구를 기각한다.」는 식으로 표현하는 것이 관행이므로, 주문만으로는 기판력의 대상을 가릴 수 없다고 한다. 따라서 이와 같은 경우에는 판결문의 청구취지도 함께 참작하지 않으면 안 된다. 다만 금전이나 대체물에 관한 소송에서는 판결주문이나 청구취지만으로는 구체적인 이행내용이 불명하므로 이행의 동일성을 명확히 하기 위해서도 판결이유를 참작할 필요가 있다고 한다.[89]

## 4. 一肢說에 대한 검토

### 1) 一肢說의 장점

一肢說의 두드러진 장점은 소송물의 단복을 가릴 때 二肢說에 있어서의 모호한 사실관계를 피하고, 단지 소의 신청에만 의하기 때문에 소송물의 단복의 판단이 쉬워진다는 것이다. 청구의 변경·병합·중복제소의 문제도 어려운 판단을 할 필요가 없이 해결이 된다. 또한 일회적으로 분쟁을 해결하기 때문에 법원의 소송자원이 절약되고 피고의 응소불안을 제거할 수 있다.

이러한 이유로 독일연방대법원도 부분적으로 소송법설 중 一肢說

---

89) 이시윤, 전게논문, 235면.

을 채택한 예가 있다.[90]

## 2) 一肢說의 단점

기판력은 소송물에 미친다는 점을 일관시키지 못하고 그들의 입장을 후퇴시켜 기판력에서는 二肢說에 가까운 해석을 하고 있다는 점이다.

또한 사실관계가 신청의 해석을 위하여 필요할 뿐이고 소송물의 구성요소가 아니라고 하는 주장은 현실을 도외시하는 강변이라고 하는 느낌을 지울 수 없다는 비판도 있다.[91]

# Ⅲ. 新二肢說[92]

## 1. 江偉의 견해

중국의 江偉가 주장하는 견해이다. 江偉도 분쟁의 1회적 해결을 꾀하는 입장에서 소송물은 신청[93]과 사실관계[94]로 구성된다고 한다.

---

90) 정동윤, "소송물의 식별기준에 관하여: 한국 및 독일의 판례를 중심으로," 우당 박우동 선생 화갑기념, 「민사재판의 제문제」, 제8권(1994), 628면.

91) 정동윤·유병현, 전게서, 233면.

92) 江偉、段厚省, "論訴訟標的与訴訟請求的關系", 「訴訟法學研究」, 第一卷(中國檢察出版社, 2001), 251면. 이외에도 실무진 중에서 韓英波 판사도 新二肢說을 취한다.

93) 여기서 말하는 신청은 청구와 동일한 의미이며 원고가 구하는 법률상

하지만 종래의 二肢說처럼 그중 하나가 복수일 때 소송물이 복수인 것이 아니고, 둘 다 복수일 경우에 소송물이 복수라 한다. 같은 이행청구이면 사실관계가 달라도 같은 소송물이기 때문에 시효취득사실에 기한 인도청구와 매매사실에 기한 인도청구는 하나의 소송물이다. 또한 하나의 전차사고로부터 발생한 수 개의 구체적 청구권이 존재하지만 사실관계가 같은 이유로 같은 소송물이 된다는 것이다.

## 2. 新二肢說에 대한 검토

新二肢說은 비록 二肢說에 대하여 일부 변화를 일으켜 二肢說의 약간의 단점을 메우고 실체법과 소송법의 불가분의 관계에 있다는 점을 고려하였다는 면에서 새로운 점이 있으나 사실관계와 신청이 모두 복수일 경우에만 소송물이 복수라고 하는데 같은 사실관계에 의하여 확인의 소를 구할 수 도 있고, 이행의 소도 구할 수 있는데 사실관계가 같다는 이유로 같은 소송물이 되는 이상한 결론이 된다.

---

의 효과를 말한다. 하지만 원고가 구하려는 법률상의 효과는 추상적인 권리주장이 아니라 구체적인 소송청구여야 한다.
94) 여기서 말하는 사실관계는 자연사실관계를 말하는 것이 아니고, 법률검토를 받는 요건사실을 말하는 것이다.

# 제3절 상대성 소송물이론

상대성 소송물이론을 지지하는 학자들은 통일적 소송물의 개념을 부정하고 각 소의 종류에 의하여 소송물을 구성하려고 하는 것이다. 즉 변론주의와 직권탐지주의에 의하여 결정된다고 보거나[95] 소송물의 구성요소가 신청 이외에 사실관계도 포함하는가를 각 소의 종류에 따라 분류하자는 것이다.[96]

## Ⅰ. Jauernig의 견해

Jauernig는 우선 신청만으로는 다른 소송물과 구별되지 아니하며 그 식별을 위해 사실관계(청구원인)를 끌어들여야 할 경우를 '외적으로 식별되는 신청'이라고 하고, 신청 자체로서 다른 소송물과 구별되어 사실관계(청구원인)의 도움이 필요 없는 경우를 '자체로 식별되는 신청'이라 하여 소송물의 개념 정의를 시도하였다.

1. '자체로 식별되는 신청' 즉 신청만으로 소송물이 식별되고 또 직권탐지주의에 의하여 심리되는 소송에 있어서는, 법원은 신청을 이유 있게 하는 모든 사실에 대하여 스스로 조사할 권한과 의무가 있으므로 당사자가 제출한 사실은 소송물의 동일성을 결정하는 데 아

---

95) 이시윤, 전게논문, 51면.
96) 段厚省, 前揭論文, 44-45面.

무런 의미가 없다는 것이다.[97] 따라서 기판력이 있는 판결이 난 뒤에 같은 신청에 사실만을 달리 주장하여 신소를 제기하면 전소의 기판력의 저촉을 받는다. 이때는 신청에만 의하는 一肢說의 입장이다.

2. 1항 외의 다른 모든 소송에 있어서는 Jauernig는 사실관계는 신청과 더불어 소송물의 결정요소로 보고 있다.[98] 즉 二肢說의 입장이다. 여기에 해당되는 것으로 1) 직권탐지주의에 의하는 이행의 소와 확인의 소로서 신청만으로 식별되지 않는 소송(전자는 예컨대 형사소송, 후자의 예는 행정법상의 금전채권존부확인소송), 2) 변론주의에 의하는 소송으로서 a) 이행소송전부, b) 확인소송으로서 신청만으로 식별되지 않는 소송(금전채권존부확인), c) 형성소송으로서 신청만으로 식별되지 않는 소송을 들고 있다.

이와 같은 견해를 살펴보면, 1) 절대권의 확인을 구하는 소송에 있어서는 신청 하나만으로 소송물이 구성되고, 2) 그 밖의 민사소송에 있어서는 신청과 사실관계에 의해 소송물이 구성된다는 두 가지로 요약할 수 있다. 즉 Jauernig의 견해는 협의의 민사소송에 관한 二肢說이라고 할 수 있다.

---

97) Jauernig, Verhandlungsmaxime, Inquisitionsmaxime und Streitgenstand, S. 23f; 45f; 55f. 재인용: 이시윤, 전게논문, 52면.
98) Jauernig, aaO, S. 25ff; 43ff; 59ff; 69ff. 재인용: 상게논문, 53면.

## Ⅱ. 독립 '判決物'설

### 1. Blomeyer의 견해[99]

Blomeyer는 모든 소송상태에 동일한 소송물의 개념을 사용하는 것을 반대하였다. 그는 소송물의 개념이 소송 계속·병합·변경 등 문제에 있어서 중요한 의의가 있지만, 기판력의 문제에 있어서는 소송물의 개념을 버리고 '판결물'의 개념을 사용하자는 것이다. 다시 말하여 소송물은 당사자의 다툼의 대상이고 판결물은 어떤 사실이 법원의 판결을 받았는가를 말하기 때문에 양자는 언제나 같은 것은 아니라고 한다.

### 2. Schumann의 견해[100]

이행의 소에서 Schumann은 청구의 변경 및 청구의 병합문제에 있어서 소송물의 특정은 一肢說이 타당하다고 한다. 왜냐하면 한 개의 소송절차에서 분쟁을 해결하는 데 도움이 된다는 것이다. 이렇게 되면 원고의 신청을 받쳐 주는 모든 사실과 법적 주장은 소송물에 포함된다. 하지만 기판력의 문제에 있어서 一肢說을 취하면 범위가 너무 넓기 때문에 기판력은 '판결물' 즉 이미 진술한 사실관계에만 미

---

99) Shumann, in: Stein/Jonas, ZPO, Einl VC Rn. 283. 재인용: 李龍, 前揭書, 72-73面.
100) Shumann, in: Stein/Jonas, ZPO, 1979, Einl vn, rn. 290. 재인용: 상게서, 73-74면.

친다고 보아야 한다. 이 점에서 Schumann은 二肢說에 가까운 입장을 취하고 있다. 확인의 소와 형성의 소에서도 一肢說을 취하는 것이 타당하다고 한다.

즉 전반적으로 Schuman은 一肢說에 가까운 입장이며, 단지 기판력의 문제에서 二肢說에 가까운 입장을 취하고 있는 것이다. 이는 一肢說의 기판력의 문제에서 사실관계를 끌어들이는 것과 다른 점이 없다고 본다.

### 3. 대만 학자 邱聯恭의 견해

邱聯恭은 '소송물의 機能적 단계성' 이론을 주장한다. 즉 소송제도가 분쟁을 해결하는 기능을 수행함에 있어서 본안 심리대상인 소송물의 범위는 넓을수록 좋다. 하지만 기판력의 객관적 범위를 판단할 경우에는 청구한 부분이 전소에서 충분한 공격방어가 진행되었고, 기습적 재판[101]을 받지 않은 것을 표준으로 하여야 한다는 것이다.

邱聯恭의 견해를 보면, 충분히 주장된 청구권을 공격방어 방법으로 보지만, 그러지 아니한 청구권은 기판력의 차단을 받지 않는다고 한다. 즉 소송물에 있어서는 一肢說의 입장인 듯하나, 기판력에 있어서는 구실체법설의 입장을 취하는 듯하다.

---

101) 재판관이 당사자가 절차법에서 제공된 모든 공격·방어의 기회를 충분히 이용하지 못한 상황에서 내린 재판을 말한다.

## Ⅲ. 상대성 소송물이론에 대한 검토

소송물의 상대성 이론은 결국 기판력의 문제를 어떻게 해결해야 하는가의 문제를 놓고 一肢說과 二肢說의 사이를 오가고 있는 것이다. 결국 소송물이론의 주요논쟁의 울타리를 벗어나지 못하고 있는 것이다. 중국은 아직 상대성 소송물이론을 적용할 만큼 판사의 수준이나 당사자의 판단이 미치지 못하고 있다. 따라서 중국에서는 소송물 상대성이론을 취하기는 아직 시기가 이른 것 같으므로 통일된 소송물이론을 취하는 것이 맞는 선택일 것 같으므로 소송물이론구성의 판단표준에서부터는 논하지 않기로 한다.


## 제4절 신실체법설


신실체법설은 비록 소송상의 청구를 실체법의 권리에 의존시키는 면에서 구실체법설과 동일한 점이 있으나 실체법상의 청구권경합이나 형성권경합의 경우에 발생하는, 즉 사실관계가 수 개의 법규의 요건에 해당한다 하여도 소송상의 청구는 복수가 되지 않는다는 합목적적인 견해를 내세우고 있다는 점에서 구실체법설과 다르며 신실체법이라 부른다. 아래에 독립적 청구권경합의 문제를 해결하기 위한 이론들을 살펴보고자 한다.

## Ⅰ. 법조경합설

법조경합설은 Hellwig가 형법상의 법조경합론을 민법영역에 도입하여 형성한 것이다. 사실관계가 기존의 청구권규범 구성요건을 충족하는 것이면 몇 개의 청구권이 발생하지만 이런 몇 개의 청구권의 목적은 오직 하나이므로 사실은 법조경합의 현상이기에 진정한 청구권은 하나라는 것이다.

이 이론에 의하면 청구권경합의 경우에 해결해야 할 문제는 어떻게 법률을 정확히 적용하는가 하는 문제이다. 하지만 특별법과 일반법의 관계[102], 선택적 관계[103]가 존재하는 경우에는 결코 법조경합의 문제가 발생하지 않는다. 이런 경우를 제외하고 개별적 특수성을 지닌 계약관계에 대하여 불법행위책임이 인정된다고 하면 계약책임의 규정이 무의미해지고 따라서 법의 정신에 반하는 결과를 초래하게 될 것이라고 한다. 그런 이유에서 하나의 사실관계가 불법행위법의 구성요건규범에 해당될 때에는 전자의 법규범이 후자의 법규범을 배척하는 것이다.[104]

결국 하나의 특별한 청구권의 인정으로 다른 청구권은 저지를 당

---

102) 중국 계약법의 212조의 일반임대계약과 동법 237조의 융자임대계약은 일반법과 특별법의 관계에 있으므로 융자임대에 있어서는 237조를 적용하게 된다. 이 경우에는 결코 법조경합이 발생하는 것은 아니다.
103) 중국 계약법 111조는 물품의 품질이 약정에 부합되지 않을 경우에 보수, 반품, 감가 등 청구를 선택적으로 할 수 있다고 규정하고 있다. 이 경우에도 청구권은 排除관계에 있으므로 법조경합이 문제가 생기지 않는다.
104) 김형배, "청구권규범경합론", 「고대법학논집」, 20권(1982), 212면.

하게 된다. 하지만 복수의 청구권 사이는 언제나 일반과 특수의 관계가 있는 것은 아니다.[105] 가령 일반과 특수의 관계가 있다 할지라도 일률적으로 특수법조의 적용만 허용한다면, 일반법조에 의하여 증명하기가 쉽고 배상범위·관할법원 등 면에서 피해자에 유리한 법적용을 배제하는 결과를 초래하게 된다. 따라서 실체법적으로 권리에 대한 규정은 법원의 심판 수요로 부정을 하는 것은 그릇된 것이다. 소송물이론의 견지에서 보아도 어떠한 소송물이론도 이에 찬성하지는 못한다.

## Ⅱ. 청구권자유경합설

청구권자유경합설은 하나의 사실관계가 복수의 청구권을 발생시키고 동일한 이행을 위한 것일 경우 각 청구권은 동시에 병존한다고 한다. 따라서 성립요건·입증책임·배상범위·시효 등의 면에서 각기 독립되어 있는 것이다.[106] 청구권자유경합설의 특성은 여러 개 청구권 중에서 하나의 청구권이 만족을 얻으면 나머지 청구권도 소멸한다는 것이며, 따라서 병존하는 여러 개 청구권들은 동일한 이행을 목표로 하고 있으므로 그 이행에 대한 이행은 1회에 한하여 요구될 수 있을 뿐이라고 한다. 청구권경합설에 관한 독일의 지배적 견해이다.[107]

---

105) 중국 민법의 민사책임 방법에는 10가지 경우를 규정하고 있으며 단독으로 혹은 병합하여 적용할 수 있다. 이런 경우에 특별과 일반의 관계는 결코 존재하지 않는 것이기 때문에 법조경합설로 해결할 수 없다.
106) 段厚省, 前揭書, 205面.

이 이론의 문제점은 권리자는 일부 청구권을 타인에 양도할 수 있고 일부 청구권은 자기가 보유할 수 있는데 이런 경우에 서로 다른 복수의 채권자를 갖게 되는 불합리한 결과를 낳게 되는 것이다. 예를 들어, 임대계약에 기한 반환청구권은 그대로 두고, 소유권만 이전할 경우 임차인은 1회의 이행밖에 시행할 수 없음에도 불구하고 2회에 거친 반환청구소송을 당하게 되며 어느 권리자를 인정해 주어야 할지 모르는 곤경에 처하게 된다.

또한 독립된 청구권에 대하여 전후로 제소할 수도 있고, 하나의 청구권이 소멸하거나 행사하여서 만족을 얻지 못할 경우, 소송시효 중에 있는 타 청구권에 기하여 제소를 할 수 있다고 한다. 다만, 일단 그중 하나의 청구권이 만족을 얻게 되면 기타 청구권도 따라서 소멸한다고 한다. 하지만 이런 소송물이론은 구실체법설에 가까우며 구실체법설의 모순을 그대로 드러내 놓고 있다. 예를 들어, 청구의 변경의 문제에 있어서 서로 독립된 청구권이기 때문에 새로운 청구권을 내세우면 공격방법이 아닌 청구의 변경이란 절차의 부담을 갖게 되고, 또한 관할권이 있는 타 법원에 대한 제소로 중복제소의 문제도 야기할 수 있다. 비록 하나의 청구권이 만족되면 다른 청구권은 따라서 소멸한다는 점에서 순수한 청구권경합설보다 앞서고 있지만, 역시 찬성할 바가 아니다.

청구권자유경합설의 상술한 문제점에 따라서 청구권상호영향설이 등장하였다.

---

107) 김형배, 전게논문, 210면.

## Ⅲ. 청구권상호영향설

이 설에 의하면 청구권경합의 경우에 당사자는 하나의 청구권만을 주장할 수 있는 것이지 중복하여 혹은 복수의 청구권을 주장할 수 있는 것이 아니라고 한다. 하지만 서로 다른 청구권이 관할 법원·소송시효·입증책임 등 면에서 가져오는 불편과 불공정을 막기 위하여 부동한 청구권 사이에 상호영향을 주도록 하는 것이다. 예를 들어 계약불이행에 기한 청구권을 행사함에 있어서 불법행위에 기한 청구권의 관련법규를 적용할 수 있도록 하는 것이다. 반대의 경우도 마찬가지이다. 하지만 이런 이론은 독립된 청구권 사이의 모순을 해결하지 못했을뿐더러 여러 개의 청구권이 독립하는 것을 인정하면서도 상호영향으로 독립·병존하는 것을 대체하였기 때문에 결국은 복수의 청구권의 병존 개념을 몰살시킨 것이다.[108]

청구권상호영향설은 청구권 경합의 경우 하나의 청구권의 실존만 인정하면서도 법조경합설의 일부 청구권의 적용의 완제배제의 단점을 미봉하고자 청구권 사이에 상호영향을 줄 수 있다고 한다. 즉 불법행위에 기하여 청구권을 행사함에 있어서 계약법에 기한 청구권의 관련규정을 적용할 수 있다고 한다. 겉으로 보기에는 질충적으로 진보한 것 같지만 사실은 부적당한 부분이 많다. 예를 들어, 불법행위와 계약불이행에 관한 입법과정은 모두 그 사회배경과 동 청구권이 부동한 특징을 지니고 있다는 점에서 비롯된 것이다. 만약 이런 차이점을 무시하고 서로의 적용을 허용한다면 민법체계를 비롯한 실체

---

108) 李龍, 前揭書, 158面.

법적 체계는 무너질 수밖에 없다. 그뿐만 아니라 원고가 불법행위에 기한 청구권을 행사함에 있어서 계약에 기한 시효를 주장할 경우, 피고의 입장에서 불법행위 시효소멸주장에 관한 항변은 아무런 의미도 없게 된다.[109]

이로부터 볼 때 청구권상호영향설은 일부 수정을 거친 구실체법설에 가까운 입장이며 실제적인 소송수행과정에서 피고의 항변과 법원의 소송수행에도 어려운 점이 많다. 또한 하나의 청구권에 대한 특별규정을 도외시하고 타 청구권의 규정을 접목하여 이용한다는 것은 깎아 맞추는 듯한 느낌도 없지 않다.

## Ⅳ. 청구권규범경합론

### 1. Larenz의 견해

이 학설은 독일학자 Larenz가 주장한 것이다. 하나의 사실관계가 불법행위에 기한 청구권과 채무불이행에 기한 청구권이 발생할 경우 피해자의 실체상의 청구권은 하나라고 한다. 상호 경합하는 것은 청구권이 아니고 청구권의 기초이다. Larenz는 동시에 법조경합론이 취하고 있는 일반의무와 특별의무의 구별은 착오적인 것이라고 한다. 즉 법률규정의 배후에는 오직 하나의 의무만이 존재하는 것이며 學理上의 수요로 이러한 의무에 대하여 부동한 규정을 한 것이라고

---

109) 段厚省, 「請求權競合與訴訟標的研究」, 吉林人民出版社, 2004, 190面 以下.

한다. 이 학설에 의하면 동일한 이행의 목적을 위한 것일 경우 권리자는 단 한 번의 청구를 할 수 있으며 채무자도 단 한 번의 이행으로 족하다고 한다.[110]

## 2. Georgiades의 견해

Georgiades는 주체와 이행만이 실체법상의 청구권의 구성요소라며 관계법조문이나 혹은 근거가 되는 사실은 그 개수에 아무런 영향을 줄 수 없다고 한다. 이런 청구권규범경합이라 함은 청구규범이 동일 이행을 대상으로 하고 있고 하나의 규범이 타 규범에 의하여 배척되는 관계에 있지 않을 때를 상정하는 것이라고 한다. 즉 종래의 학설과는 달리 단지 근거가 여러 가지며, 여러 개의 청구규범에 입각한 단일한 청구권으로 해석하고 있다. 따라서 경합하는 것은 청구권이 아니라 청구규범인 것으로 본다.[111]

## 3. Henckel의 견해[112]

Henckel은 청구권을 일의적으로만 파악하지 아니한다. 그는 포괄규범으로서의 기능에 있어서는 청구권의 개별화를 인정하여 청구권의 경합을 승인한다. 반면 경제적 가치로서의 기능으로 파악되는 처분대상으로서의 청구권(이것이 동시에 소송물의 기준이 된다.)은 '한

---

110) 段厚省, 「民事訴訟標的論」, 中國人民公安大學出版社, 2004, 207面.
111) 이시윤, 전게논문, 80 – 82면.
112) 김형배, 전게논문, 228 – 230면.

개'로 파악한다. 즉 경합하는 청구권은 '포섭규범으로서의 청구권'이라고 하는 성격의 것으로 파악되므로 관념적인 차원에서의 청구권이라고 한다. 하지만 이러한 경우에 청구권경합 또는 비경합의 문제는 전적으로 의미를 상실하는 것이 아니라 법적 관점의 선택 문제와 그 선택순위 문제로서 의미를 가지는 것이라고 한다.

Henckel은 '처분대상으로서의 청구권'이라고 하는 구별표식을 사용하여 소송물로서의 청구권도 이것에 의하여 개별화하고 있다. 하지만 손해배상청구권이나 또는 일정액의 금전지급청구권에 있어서는 이것을 하나의 재원이라는 의미에서 처분대상으로 파악할 수 있으나, 물건의 인도청구권이나 방해배제청구권을 손해배상청구권이나 금전지급청구권과 똑같이 재산적 가치가 있는 처분으로는 파악하기 어려운 점이 있다. 왜냐하면 물권의 경우 그 배후의 소유권·점유권 등은 서로 다른 처분대상이지만 물권이 양도된 경우에 물권의 청구권 주체도 변하는 것이기 때문에 처분대상으로서의 청구권도 따라서 변하지만 소유권과 점유권은 서로 다르기 때문에 2개의 처분대상으로 보아야 하는 것과 모순된다.

## 4. 奧田昌道의 신법조경합설(청구권이중구조설)

奧田이 주장한 견해이다.[113] 그는 청구권경합설은 사실관계가 두 개의 법규의 추상적 구성요건을 동시에 충족시키는 경우에 청구권이 별개·독립적으로 발생되는 것으로 간주하였고, 법조경합설은 특별

---

113) 奧田昌道, 「請求權槪念生成展開」, 創文社, 昭和 54年, 378面.

법이 일반법을 배제하여 특별법밖에 적용하지 못하여 경직되게 파악하는 단점이 있다고 하였다. 이런 단점을 막고자 그는 제3의 경합형태 - 신법조경합설이란 입장을 제창하였다.

奥田의 이론에 의하면 청구권경합이 발생하는 경우에 관념적으로 복수의 청구권이 존재하더라도 실재하는 청구권은 하나라고 한다. 금전채권의 경우에 그 액수(청구권의 존재의 문제)와 그 청구권이 어떠한 법적 성질에 기한 것인가는(청구권의 속성의 문제) 별개로 생각해야 한다고 한다.114) 즉 그는 실재하는 하나의 청구권을 인정하면서 이 단일 청구권의 존재를 확인하기 위해서는 법규의 중첩적 적용을 주장한다. 그는 관념적 청구권의 존부는 별개로 판단하여야 하기 때문에 시효의 완성도 별개로 취급된다고 한다. 그 결과 3년 이내에 청구한 경우에는 불법행위법과 계약법의 관점을 비교하여 속성에 관하여 무엇보다도 합리적인 규범을 채용하는 것이 가능하다. 하지만 3년 이후에는(시효의 원용이 필요함) 계약법규범만이 적용된다고 한다. 奥田의 청구권경합은 청구권규범의 효과 측면에 대해서만 행하여지는 것이고 구성요건의 부분에 대해서는 통합이론이 적용되지 않는다.

신법조경합설은 비록 관념적 청구권이라 할지라도 한 개의 청구권규범에 기하여 한 개의 청구권이 성립한다는 전제로부터 출발했다. 따라서 단일의 실재적 청구권을 얻기 위하여 그것을 통합하는 과정을 경과하게 되므로 청구권상호영향으로 볼 여지도 있다 때문에 청구권상호영향설에서와 같은 모순을 가지고 있다는 비판이 있다.115)

114) 상게서, 374면.
115) 정광수, "청구권규범통합론", 고려대학교 대학원 석사학위논문, 1984

또한 실재하는 하나의 청구권을 인정할 것인가 하는 문제도 그 속성에 대하여 통일을 꾀하려면 그러한 통일적 법적 효과에 대응하는 통일적인 성립요건이 고려되어야 하며 단지 상호작용이 아닌 규범의 통일을 꾀하여야 한다는 비판이 있다.[116]

## 5. 四宮和夫의 전규범통합설

사실관계가 복수의 가능적 청구권 규범의 요건에 해당함에도 불구하고 법적 효과에 대해서만 규범통합을 행하고 구성요건에 대해서는 규범통합을 행하지 않는 것은 타당하지 않다고 하며 요건통합의 원리를 다음과 같이 제시한다.

### 1) 구성요건통합의 허용조건

법적 성질결정을 해야 할 청구권의 단일성 확보를 위한 복수 규범의 통합에 있어서는 우선 '사실관계의 동일성'이 전제가 된다. 이때 사실관계는 복수의 가능적[117] 청구권규범의 요건을 충족시키면서 동시에 통합된 단일 청구권의 구성요건에 포섭될 수 있는 이른바 통일성을 구비한 생활사실을 의미한다.[118] 따라서 四宮의 '사실관계의 동일성'은 본질적으로 요건통합의 기초이면서 규범통합의 허용조건

---

년, 24면.
116) 四宮和夫, 「請求權競合論」, 一粒社, 1978年, 68面.
117) 四宮和夫가 말하는 가능적 청구권은 奧田昌道가 말하는 관념적 청구권과 같은 것이다.
118) 四宮和夫, 前揭書, 79面.

이 되고 있다.


## 2) 요건 통합기준

요건규범이 통합되기 위해서는 통합의 대상이 되는 규범 사이에 포섭관계[119] 또는 교착관계[120]가 있어야 한다. 그러나 사실관계가 가능적 청구권규범에 포섭되는 이론적·형식적 측면 이외에 규범의 본질적 목적이 통합을 허용할 수 있을 만큼 유사한 것이어야 한다고 주장한다.[121]

이러한 포섭관계 혹은 교착관계에 있는 경우에 새로운 요건을 창조하는 방법은 다음과 같다.[122]

첫째, 양 규범의 요건이 전체로서 포섭관계에 있는 경우. 이 경우에는 언제나 법조경합이 생긴다. 규범의 통합을 위하여 필요한 양 규범의 본질적 목적의 유사성은 포섭관계라고 하는 양자의 이론적 관계 속에 주어져 있는 것이므로 규범의 우열도 포섭관계에 의하여 결정되어 있는 것이라고 판단할 수 있다(피포섭규범의 요건은 양 규범의 요건을 충족시키는 것이므로 그것이 우선한다). 이 양 규범의 관계가 보충관계인가 배척관계인가 하는 문제는 양 규범의 이론적

---

119) 包攝關係라 함은 A규범의 요건에 해당하는 사실관계는 언제나 B규범의 요건을 충족하지만 그 역은 성립되지 않는 관계이다.

120) 交錯關係는 A규범의 요건을 충족하는 사실관계가 동시에 B규범의 요선을 충족하는 경우 외에 전사를 충족하는 사실관세가 후사를 충족하지 않는 경우 및 후자를 충족하는 사실관계가 전자를 충족하지 않는 경우도 될 수 있는 관계이다.

121) 四宮和夫, 前揭書, 80面.

122) 상게서, 80 - 81면.

관계로부터 당연히 도출될 수는 없고 양 규범의 목적·기능을 비교하여 판단하지 않으면 아니 된다.

둘째, 양 규범의 요건이 전체로서 교착관계에 있는 경우. 양 규범의 본질적 목적과 기능에 있어서 유사하고 전법질서의 입장에서 판단할 때에 양 규범 중 어느 한 쪽에 대하여 우위를 인정해야 할 경우가 있다. 이와 같은 경우에는 열위의 규범의 요건은 사실상 그 적용이 배제되는 것이므로 법적 효과의 측면에서 규범보충관계는 성립되지 않고 규범배척관계가 성립하게 될 것이다.

그러나 양 규범 사이에 우열관계가 존재하지 않는 경우에는 혼합 공통부분에 적용되는 요건을 양 규범의 요건으로 창출하게 된다. 즉 전자의 규범요건은 a, b, c이고 후자의 규범요건은 a, b, d일 경우 혼합 공통적 표식은 a, b라는 공통부분과 공통이 아닌 c, d를 합친 것이다. 그러나 이 경우에는 양 규범의 통합은 애당초 입법자가 예상하지 않았던 사태이기 때문에 통합에 있어서는 全法질서의 입장에서 통합적 판단이 행하여지지 않으면 안 된다.

### 3) 법 효과의 통합

四宮和夫는 구성요건의 통합으로 법 효과의 통합을 이루려는 것이 목적인바 양 규범의 목적·기능에 비추어 개개의 효과규범을 통합하는 것이 당해 사안에 있어서의 이익 상황에 가장 적합한 것인가에 따라 정하려고 한다. 즉 전법질서의 입장에서 규범을 조정하려고 하는 것이다.

四宮和夫의 견해는 청구권경합문제에 관하여 집대성한 것으로 높

이 평가되고 있다. 하지만 규범통합에 의한 새로운 규범형성은 실질적으로 입법적 작용을 의미한다는 비판이 가해지고 있다. 사견으로도 소송물이론의 입장에서는 그 판단기준이 지나치게 어렵고 너무 이상적이라고 생각된다.

## V. 신실체법설에 대한 검토

신실체법설은 주로 청구권경합의 문제를 해결하기 위하여 많은 노력을 하였으나 법조경합설은 실체법에 규정한 가능한 청구권이 복수일 때 그중 하나를 배제하는 면이 있어 너무 경직되었으며, 청구권자유경합설도 하나의 청구권이 만족되지 않는 한 구실체법설의 문제를 그대로 수계하고 있으며, 청구권상호경합설은 실체법에 규정한 권리배경을 묵살하고 실마리가 더욱 엉키게 되는 결과를 초래하게 된다.

신법조경합설은 실재적 청구권이 하나임을 주장하나 양 규범의 중첩적 적용을 함으로써 청구권상호경합설의 문제를 안고 있을 뿐만 아니라 그 실재적 청구권의 구성요건에 대한 설명을 세대로 하지 못하고 있다. 청구권규범통합설은 법적 효과의 측면이든 나아가 구성요건의 통합이든 이론적으로 파격적이긴 하지만 통합적 구성요건에 대한 판단이 어려울 뿐만 아니라 입법적인 측면을 갖고 있음을 알수 있다. 청구권규범통합론이 이상적인 면에서 긍정적이나 현실적인 면에서 쉽게 조화를 이루기 어려운 점이 많다.

본 장에서 신실체법설에 대하여 전반적으로 분석해 본 결과 실체법과 소송법에는 상당한 차이가 존재하고 당사자의 사권보호와 분쟁해결을 위한 민사소송절차에서는 이론 적용이 용이하지 않으며 당사자와 법원이 우왕좌왕할 염려가 있다. 따라서 이상적인 신실체법설은 입법의 문제에 맡기고 제4장부터는 더 이상 분석하지 않기로 한다.

# 제4장

## 소송물이론 판단의 표준

소송물이론의 타당성을 검증하는 표준으로 주로 청구의 병합·청구의 변경·중복제소·기판력 네 가지를 들 수 있다.[123] 본고에서는 상술한 네 가지 판단기준의 줄기를 타고 궁극적으로 소송물이론의 타당성의 근원을 결정하게 되는 민사소송의 이상과 목적의 뿌리로 내려가 타당성을 재차 걸러 보고 소송물이론에 대한 판단을 하려 한다.

## 제1절 청구의 병합

### Ⅰ. 청구의 병합(객관적 병합)의 의의

청구의 병합이라 함은 같은 원고의 피고에 대한 여러 개의 청구를 하나의 소송절차에서 심판하는 것을 말한다.[124] 청구의 병합의

---

123) 같은 취지: 김홍규, 「독일민사소송법」(신원문화사, 1992), 219면; 이시윤, 전게논문, 214면; 小室直人 外 3人, 「新民事訴訟法講義」(法律文化社, 1998), 66面; 上田徹一郎, 「民事訴訟法」(法學書院, 2001), 158面.

제도는 단지 절차상의 사항에 불구하고 이론적으로나 실무적으로 새삼스럽게 이를 논하는 의의가 궁색하였다. 하지만 소송물론에 있어서는 시금석의 문제로 부상하며 큰 비중을 차지하고 있다.[125]

## Ⅱ. 각 소송물이론에 따른 청구의 병합형태

청구의 병합에는 단순병합,[126] 선택적 병합,[127] 예비적 병합[128] 세 가지가 있다. 아래 각 소송물이론과 결부시켜 살펴보도록 한다.

### 1. 구실체법설에 따른 청구의 병합

하나의 동일한 이행이나 형성을 목적으로 경합하는 수 개의 청구권이나 형성권에 기하여 청구하는 경우에 원고의 소의 이익은 하나이지만, 구실체법설은 실체법상의 권리나 청구규범의 개수에 의하여 소송물을 가리기 때문에 소송물이 수 개이며 이런 경우는 선택적 병

---

124) 강현중, 「민사소송법」, 제5판(박영사, 2002), 354면.
125) 柏木邦良, "訴の倂合と旣判力( 1 )", 「判例月報」, 1841號, 平成 15, 3面.
126) 원고가 여러 개의 청구를 병렬적으로 병합하여 심판을 구하는 형태를 말한다. 병합된 다른 청구의 당부에 관계없이 심판을 구하는 것이기 때문에 법원은 병합된 모든 청구에 관하여 심판을 하여야 한다.
127) 병합된 여러 개의 청구 중 어느 하나가 인용되면 나머지 청구에 관하여는 심판을 바라지 않는 형태의 병합이다.
128) 주위적 청구가 받아들여지지 않을 것을 염려하여 그 인용을 해제조건으로 예비적 청구에 관하여 심판을 구하는 병합형태이다.

합으로 해결하려 한다.[129] 즉 소송물은 수 개이지만, 그중 어느 하나를 선택하여 인용하면 다른 청구권은 해소된다는 뜻이다.[130] 선택적 병합은 이론적으로 서로 양립할 수 있는 여러 개의 청구이기 때문에 소송물이 복수이지만 분명히 하나의 목적을 위한 것이며 선택적 병합이란 소송기술을 적용하여 구실체법설의 청구권경합의 문제를 해결하려는 것이다. 형성의 소의 경우에도 마찬가지이다.

구실체법설은 예비적 병합에 대해서도 문제가 있다. 예를 들어, 동일한 이행에 대한 청구에서 주위적으로 매매계약 채권에 기하여 청구하였다가 그것이 무효일 때를 대비하여 부당이득 반환청구권에 기하여 청구하는 때는 예비적 병합이 된다. 이런 경우에 가장 문제되는 것은 주위적 청구가 기각되고 예비적 청구를 인용하였을 경우, 피고가 동 예비적 청구에 대하여 상소를 제기하였다고 하면 상소법원이 심리결과 주위적 청구가 이유 있고 예비적 청구가 이유 없다고 판단이 되어도 상소하지 않은 주위적 청구를 인용하여 승소판결을 할 수가 없다. 이렇게 되면 결국, 1심에서 승소한 원고가 상소심에서 패소하게 된다는 결론이다.

## 2. 二肢說에 따른 청구의 병합

二肢說에 의하면, 하나의 이행을 위한 것임에도 서로 다른 사실관

---

129) 구실체법설에 의하면, 단순 병합도 될 수 있으나 현저한 모순의 존재로 선택적 병합으로 해결하려 시도하는 것이다.
130) 선택적 병합을 인정하는 경우에도 법조경합관계에 있는 여러 개의 법규에 기한 청구는 한 개의 청구이므로 선택적 병합이 되지 아니한다.

계일 경우, 청구의 병합이 된다. 매매사실과 소비사실에 기하여 동일 이행청구를 하는 것은 서로 다른 소송물이므로 소의 선택적 병합이 될 수 있다. 이렇게 보면 구실체법설에서 발생 가능한 불합리한 점들이 二肢說에서도 재현이 된다. 더 문제되는 것은 혼인소송에서 부정행위와 악의의 유기에 의한 사실관계가 다른 경우에도 청구의 병합이 된다.131) 즉 이 경우 선택적 병합으로 보아야 하지만 당사자는 하나의 이혼을 하기 위하여 상대방의 이혼사유를 일일이 주장할 뿐이지 그중 어느 하나의 이혼 사실만을 택일적으로 적용하려는 것이 아니다. 피고가 부정행위와 악의의 유기 두 개의 이혼사유가 모두 있을 경우, 이를 모두 인정해야 하지 어느 하나만을 택일적으로 인용한다는 것은 다른 하나를 배제하는 것으로 되어 결국 있는 사실을 없는 사실로 만들어 버린다.

예비적 병합의 경우, 같은 부동산에 관하여 소유권이전등기를 구하면서 소유권취득원인으로서 제1차적으로 매매, 제2차적으로 상속을 주장하는 경우에 1심판결에서 제1차적 청구를 기각하고 제2차적 청구를 인용한 원판결에 대하여 피고가 제2차적 청구에 대하여 상소한 때에는 불복하지 아니한 제1차적 청구의 기각부분도 이심하지만, 원고가 상소를 하지 아니하는 한 상소심의 조사판단이 대상이 되지 않는다. 따라서 상소심에서 제1차적 청구가 이유 있다고 판단되어도

---

131) 사실관계를 넓게 보는 학자들은 혼인관계는 하나의 계속적인 사실관계이기 때문에 악의의 유기와 부정행위는 넓은 의미에서 하나의 사실관계라고 본다. 따라서 선택적 병합이 문제가 발생하지 않는다 하지만 이렇게 넓게 보면 기판력의 문제에서 기판력의 시적 범위 내에서 발생한 모든 이혼사유를 하나로 보기에 전부 기판력의 차단을 받게 되어 一肢說과 다를 바 없다.

제1차적 청구는 인용하지 못하고 제2차적 청구만 기각하여야 한다. 따라서 원고의 목적은 사실이유를 물론하고 부동산에 관한 소유권이 전등기에 있지만 1심판결에서 승소하고 또 그 이유가 상소심에서 정당하다고 판단되어도 二肢說의 입장에서 서로 다른 소송물로 취급하기 때문에 항소를 하지 않았다는 이유만으로 상소심에서는 패소를 하게 되는 불합리한 판결을 받게 된다. 상식적으로 1심에서 승소한 원고가 상소를 할 이유가 없고 승소했음에도 불구하고 상소하지 않았기 때문에 패소의 책임을 담당해야 한다는 것은 너무 가혹하다. 이러한 문제는 부동산의 소유권이전등기 청구를 소송물로 보고 매매사실이든 상속사실은 공격·방어방법으로 본다면 쉽게 해결이 될 문제이다.

## 3. 一肢說에 따른 청구의 병합

一肢說에 의하면, 동일이행이나 동일법률관계의 형성을 목적으로 여러 개의 청구권이나 형성권을 주장하더라도 소송물이 하나이고 실체법상의 청구권이나 형성권은 공격·방어방법으로 된다. 따라서 선택적 병합이 되지 않을뿐더러, 원고가 그중 하나를 주위적으로 하나를 예비적으로 주장하였다 하더라도 청구의 병합이 되는 것이 아니다. 따라서 원고가 주위적·예비적으로 주장하였을 경우, 원심법원이 주위적 관점을 이유 없다고 판정하고 예비적 주장을 받아들인 경우에도 이러한 판결에 대하여 피고만이 불복하여 상소하여도 주위적 판단 부분은 확정되지 않으며 상소심절차에서 주위적인 청구에 대하여 인용할 수 있다.


## Ⅲ. 소 결

청구의 병합에 있어서는 구실체법설이나 二肢說보다 一肢說의 이론이 피고의 입장에서나 법원의 소송자원 절약 차원에서 또한 상소심에서 원고에 불리한 판결을 피하는 면에서 월등하다고 할 수 있다.


## 제2절 청구의 변경


## Ⅰ. 청구의 변경의 의의

청구의 변경은 소송물의 변경을 말한다.[132] 대륙법게는 청구의 변경을 금지하던 데로부터 허용하는 데로 이르렀으며 지금은 금지가 예외적으로 되었다.[133] 하지만 소를 변경하면 피고가 응소함에 불안

---

132) 정동윤·유병현, 전게서, 858면. 강현중은 단순히 청구를 이유 있게 하는 사실의 추가나 변경은 공격방법의 추가로서 청구의 변경이 아니라고 하면서 一肢說의 입장을 취하고 있다.
133) 楊書翔, "訴的變更制度比較研究", 「河北法學」, 4號, 2003, 142面.

스럽고 특히 항소심에서의 청구변경은 제1심이 생략되어 심급의 이익을 잃을 염려도 있으므로 일반적으로 제한을 두고 있다.[134] 예를 들어, 한국 민사소송법상 청구의 변경을 함에 있어서 1) 소송이 사실심에 계속하고 변론을 종결할 때까지, 2) 청구의 기초가 바뀌지 아니할 것, 3) 소송절차를 현저히 지연시키지 아니할 것 등 제한을 두고 있다. 현재의 민사소송법은 청구의 변경을 허가하고 있으나 그 제한을 두고 있으며 제한을 벗어나면 청구의 변경을 할 수 없다. 따라서 각 소송물이론에 의해 큰 차이를 보이고 있다.

## II. 각 소송물이론에 따른 청구의 변경

### 1. 구실체법설에서의 청구의 변경

구실체법설에 의하면 소의 청구는 실체법상의 권리 또는 법률관계의 주장이므로, 같은 이행청구이면서도 매매계약에 기한 대금지급청구에서 부당이득 반환청구로 바꾸면 청구의 변경이 된다. 이는 청구의 변경절차를 밟아야 하기 때문에 절차진행이 번거로울 뿐만 아니라[135] 상소심 판결에서도 어려운 점이 있다. 왜냐하면 동일한 이행

---

134) 송상현, 「민사소송법」, 신정4판, 박영사, 2004, 366면.
135) 청구의 변경은 새로운 소제기와 동일하게 볼 수 있으므로 원칙적으로 서면에 의해야 하고 또한 그 요건으로 일반적으로 소송절차의 현저한 지연을 초래하지 않아야 한다는 판단이 필요하며 피고가 본안에 관하여 이미 변론을 한 경우에는 피고의 동의까지 필요하다는 등의 절차

에 대하여 원심에서 불법행위에 기한 청구에 상소심에서 계약불이행이란 추가적 변경을 하였을 경우, 상소심법원에서 계약불이행을 인용하였다면, 불법행위청구에 대한 '상소기각'과 계약불이행에 기한 '청구인용'이 되어 반은 지고 반은 이기는 기이한 결과가 된다.[136] 이 사건에서 만약 항소심에서 교환적 변경을 하였을 경우, 항소심에서 불법행위에 기한 청구가 타당하다고 인정하여도 원고의 청구를 인용해 줄 수 없고, 불법행위에 기한 청구는 이미 1심 종국판결이 났기 때문에 재소금지의 원칙에 의하여 소를 제기할 수 없게 된다. 그럼에도 불구하고 소변경의 굴레를 씌워 그 변경을 제약하는 것은 바람직하지 못하다. 이런 단점 때문에 중국민사소송법 수정건의고[137]에서는 소송물을 변경하지 않는 기초에서 사실상 혹은 법률상의 주장을 보충하거나 변경할 수 있다고 하여 一肢說의 입장을 보이고 있다.

## 2. 二肢說에서의 청구의 변경

二肢說에 의하면, 소송물은 청구취지와 사실관계에 의하여 확정된다고 한다. 예를 들어, 하나의 부동산 소유권이진등기 청구를 위하여 매매계약이란 사실에 기하여 제소하였다가 상속이란 사실을 제출하면 서로 다른 소송물이므로 청구의 변경이 된다. 결국은 하나의 이행을 위한에도 불구하고 청구의 변경절차를 거쳐야 하는 것이다. 매

---

의 번거로움이 뒤따른다.
136) 이시윤, 전게논문, 227-228면.
137) 江偉, 前揭書, 243面.

매계약대금청구권에 기하여 청구하다 어음채권에 기하여 청구할 때도 서로 다른 소송물로 간주하므로 동일한 이행을 위한 것임에도 불구하고 청구의 변경절차를 거쳐야 한다. 이런 단점 때문에 중국민사소송법 수정건의고[138])에서는 소송물을 변경하지 않는 기초에서 사실상 혹은 법률상의 주장을 보충하거나 변경할 수 있다고 하여 一肢說의 입장을 보이고 있다.

소송시효에 관한 중국 실체법의 규정에 기초하여 구실체법설과 二肢說이 청구의 변경에서 공통되는 문제점이 있다. 중국 민법통칙 제135조에 의하면 민사권리의 소송시효는 2년이다. 또한 1심 심리기한은 6개월이고, 2심 심리기한은 3개월이다. 청구의 변경은 소송 계속중에 소송물을 변경하는 것이다. 바로 여기에 문제가 있는 것이다. 예를 들어 구실체법설의 경우, 1년 10개월 만에 매매계약에 기한 대금지급청구를 하다가 소송 계속이 3개월이 지난 후 그 입증이 어려워 불법행위로 바꾸려 할 경우, 2년이란 소송시효의 완성으로 청구의 변경을 하지 못하거나 청구를 변경하였다 해도 패소를 면치 못하게 된다. 원고의 입장에서 분명히 같은 대금지급청구를 하여 소송시효의 중단을 가져왔다고 생각함에도 불구하고 불법행위는 다른 청구로서 소송시효가 완성되어 권리구제를 받지 못하는 것은 너무 가혹하다.

이런 문제는 二肢說에서도 마찬가지다. 예를 들어, 1년 10개월 만에 매매계약이란 사실에 기하여 와인의 대금을 청구하다가 소송 계속 3개월 후 그 입증이 어려워지니 소비사실에 기한 와인대금을 청

---

138) 상게서.

구로 변경하려 할 경우, 역시 소송시효의 완성으로 청구의 변경을 못하거나 패소를 면치 못하게 된다. 구실체법설이 갖고 있는 문제와 마찬가지로 원고의 입장에서 분명히 피고에게 와인의 대금청구를 하였지만 사실관계가 다르기 때문에 소송물이 다르다는 이유 및 이에 의한 소송시효의 완성으로 구제를 받지 못하게 된다. 다시 말해서 원고는 대금청구를 하여 소송시효의 중단이 이루어졌다고 생각함에도 불구하고 소비사실은 다른 청구이기 때문에 소송시효가 완성되어 권리구제를 받지 못하는 것은 너무 가혹하다.

## 3. 一肢說에서의 청구의 변경

一肢說에 의하면, 신청만이 소송물의 구성요소이므로 신청을 변경할 때만이 청구의 변경이라고 한다.[139] 이 이론에 의하면 같은 이행이면서도 매매계약에 기한 대금지급청구에서 부당이득 반환청구로 바꿀 경우는 청구의 변경이 아니며, 매매계약이란 사실과 소비사실에 기하여 청구할 때에도 비록 사실관계의 변동이 있지만 청구의 변경이 아니라고 한다. 또한 매매계약대금청구권에 기하여 청구하다 어음채권에 기하여 청구하여도 청구의 변경이 되지 않는다고 한다. 즉 이러한 경우에 모두 하나의 소송물이므로 청구의 변경절차를 밟을 필요가 없다는 것이다.

---

139) 신청의 변경은 신·구 이론을 막론하고 원칙으로 청구의 변경이 된다.

## Ⅲ. 소  결

상술한 비교적 고찰로부터 알 수 있다시피 청구의 변경에 있어서 구실체법설이나 二肢說보다 一肢說의 이론이 소송시효의 완성으로부터 초래되는 원고의 불이익의 피면, 청구의 변경절차에서 반드시 거쳐야 할 서면변경신청의 제출, 송달 등 면에서의 소송비용의 절약, 이에 대응되는 법원의 소송자원의 절약, 또한 상고심에서의 청구의 변경과 주문기재 방법 등 면에서 절차적으로 우월한 점이 있다.


## 제3절 중복제소의 문제


### Ⅰ. 중복제소의 의의

법원에 소송 계속 중인 사건에 대하여 당사자는 다시 소를 제기하지 못하게 되는데 이를 중복된 소제기의 금지 또는 이중소송의 금지의 원칙이라고 한다. 중복된 소제기를 허용하는 경우는 피고로서는 이중의 소송수행을 강요당하고 법원으로서도 중복하여 심판하여야 하므로 소송경제에 반할 뿐만 아니라, 같은 사건에 관하여 서로 모순되는 판결이 나올 위험이 있다.[140] 따라서 이러한 불합리를 사전에 차단하기 위하여 마련한 제도가 중복제소의 금지제도이다.

중복제소의 판단 기준은 전·후소의 사건이 같아야 한다는 것이다. 즉 소송물의 동일성을 전제로 하는 것이다. 따라서 중복제소의 문제도 소송물이론에 따라 달라진다. 이와 관련하여서는 아래에 구체적으로 살펴보기로 한다.

## Ⅱ. 각 소송물에 따른 중복제소

### 1. 구실체법설에서의 중복제소

구실체법설에 의하면 소송물은 실체법률 관계이므로 같은 이행청구이지만 매매계약에 기한 대금지급청구에서 불법행위에 기한 손해배상청구로 제소할 경우 소송물이 다르므로 중복제소에 해당되지 않는다. 상술한 예에서는 계약을 체결한 곳, 불법행위가 발생한 곳, 피고의 주소 등 여러 개의 관할 법원이 있게 된다. 따라서 대금지급청구를 계약을 체결한 곳의 법원에 제소하였다가 불법행위에 기한 청구를 불법행위가 발생한 곳의 법원에 제소할 경우 원고가 전부 승소하면 피고는 이중 이행을 하게 되는 이상한 결과를 초래하게 된다.

또한 동일한 이행청구에 대하여 두 관할법원이 서로 다른 판결을 하게 되면 사실상 같은 사건이면서도 서로 모순되는 판결을 초래할 수도 있다.

---

140) 정동윤·유병현, 전게서, 262-263면.

## 2. 二肢說에서의 중복제소

二肢說에 의하면 소송물은 청구취지와 사실관계에 의하여 확정된다고 한다. 예를 들어, 하나의 이행청구를 하면서 매매계약이란 사실과 소비사실에 기하여 청구할 때 전·후소의 소송물은 서로 다르므로 후소를 제기하여도 중복제소에 해당되지 않는다. 매매사실과 소비사실을 예로 들어 피고의 주소의 관할법원에 매매사실에 기한 대금 청구권의 소를 제기하고 소비한 장소, 즉 불법행위의 발생지에 소비사실에 기하여 대금청구의 소를 제기하여도 중복제소 금지에 해당하지 않는다. 결과적으로 구실체법설과 마찬가지로 이중 이행이나 모순되는 판결을 초래할 수 있다.

동일금전의 지급을 어음채권관계를 바탕으로 청구하고 있는데 원인관계사실을 바탕으로 신소를 제기를 제기하는 경우에도 중복소송이 아니라고 한다. 하지만 이 역시 위와 같이 이중이행의 염려가 있다.

## 3. 一肢說에서의 중복제소

一肢說에 의하면, 신청만이 소송물의 구성요소이다. 이 이론에 의하면 같은 이행청구일 경우 매매계약에 기한 대금지급청구의 소를 제기하여 소송 계속 중에 부당이득 반환청구로 별소를 제기할 경우는 중복제소에 해당하며, 매매계약에 기하여 소를 제기하고 소비사실에 기하여 별소를 제기할 경우에도 비록 사실관계의 변동이 있지만 중복제소에 해당한다. 또한 매매계약대금청구권에 기하여 청구하다가 어음채권에 기하여 청구하여도 단지 공격·방어방법으로 볼 뿐 중복제소에 해당한다고 한다.

하지만 예외적으로 금전이나 대체물에 관한 소송에 있어서는 외관상 청구취지가 같다 하여 중복제소라고 단정할 수는 없다. 왜냐하면 원고가 매매계약을 바탕으로 그 대금 100만 원을 구하는 소송 계속 중에 원고가 교통사고피해금액이 금 100만 원임을 내세워 손해배상금으로 금 100만 원을 별도로 청구할 경우에는 전소와 후소의 청구취지가 모두 '금 100만 원을 지급하라'이지만, 별개의 이행이므로 즉 소의 이익이 다르므로 중복제소가 아니라고 한다.[141] 이렇게 금전상 똑같은 금액을 같은 자에게 청구하는 경우는 극히 드물다. 또한 대금청구를 할 경우 통상적으로 그에 대한 이자청구도 함께 하는데 이자청구부분에서 그 기산점을 표기하므로 구별이 가능하다. 설사 이자청구를 하지 않았다 하더라도 원고가 소장에 주요사실을 언급하므로 판사가 같은 대금청구가 아님을 어렵지 않게 판단할 수 있기 때문에 문제되지 않는다고 본다.


## Ⅲ. 소 결

일반적인 경우에 구실체법설과 二肢說은 이중 이행이나 모순되는 판결을 내릴 염려가 있으므로 중복제소에서 어려움에 봉착한다. 二肢說도 오직 신청인에 의하여 소송물을 가리려고 하면 금전이나 대

---

141) 이시윤, 전게논문, 233면.

체물의 경우, 외관상 하나의 청구로 보이므로 난제에 봉착한다는 이론적 단점이 있으나 상술했다시피 그런 경우는 극히 드물고, 있다 해도 이자청구부분에 표기된 기산점이나 사실이유에 나타난 시간을 참작하여 쉽게 판단을 할 수 있다고 본다.


# 제4절 기판력의 문제


## I. 기판력의 객관적 범위와 의의

기판력의 개념은 로마법의 소권 소모이론에서부터 시작되었다.[142] 기판력이라 함은 확정된 판결의 내용이 가지는 규준성을 가리킨다. 이것을 실질적 확정력 또는 확정적 효력이라고도 한다.[143] 기판력과 소송물은 소송절차의 시말을 대표한다고 할 수 있으며 민사소송이론에서 제일 기본적이고 핵심적인 문제이다.

---

142) 段厚省, 前揭書, 294面. 로마법이 발달했던 시기에 사람들의 권리는 소권으로 표현되었으며 소권은 구체적인 사실과 결합되었고 실체권리의 내용이 포함되어 있었다. 때문에 로마법상의 소권은 실체법과 소송법의 소권이 같이 포함되어 있었다. 로마법상의 소권소모이론에 의하면 소권은 사건의 소송 계속의 소멸로 인하여 소멸한다. 소권이 소멸하였기에 당사자는 자연히 동일한 사건에 대하여 다시 소를 제기할 수 없다. 이것의 소권소멸이론인 것이다.
143) 정동윤·유병현, 전게서, 678면.

기판력의 범위는 세 가지 관점에서 확정된다. 그것은 어느 시점의 판단으로서 규준력을 가지는가(시적 범위), 판결 중 어느 사항의 판단에 규준력이 부여되는가(객관적 범위) 및 누구와 누구 사이에서 규준력이 발생하는가(주관적 범위) 등의 세 가지이다.[144] 본 절에서는 소송물 주제와 직접 관련되는 기판력의 객관적 범위를 중점으로 살펴본다.

## 1. 객관적 범위

기판력의 객관적 범위의 문제는 판결서에 표시된 판단 가운데 어느 사항에 관한 판단에 기판력이 생기는가를 말한다. 물적 범위라고도 한다.

### 1) 판결주문에 관한 판단

기판력은 판결주문에 포함된 판단에 한하여 발생하는 것이 원칙이다. 그런데 판결의 결론 부분인 주문에는 소송물에 관한 판단이 표시되므로, 결국 소송물에 관한 판단에 한하여 기판력이 발생하는 것이다. 그리하여 '소송물＝기판력의 범위'라는 등식이 성립한다.[145] 따라서 원고가 소로서 달성하려는 실질적 목적인 사회적·경제적 이익, 즉 법률관계의 존부가 기판력의 대상이 된다. 이를 중화시키기

---

144) 상게서, 692면.
145) 하지만 소송물과 기판력이 언제나 일대일로 대응되는 관계인 것은 아니다. 소송물이론에 따라서 다르고 또 소의 이익이 같거나 소의 이익이 없을 경우에도 후소는 전소의 기판력의 차단을 받는다.

위한 법적 조치로 한국은 중간확인의 소를 인정하여 소송이 계속되는 동안에 본래 청구의 판단에 대하여 전제문제를 이루는 선결적 법률관계의 존재 여부에 관하여 계속되는 소송절차에 병합하여 제기할 수 있도록 한다.

이처럼 주문 중의 소송물에 관한 판단에 한하여 기판력이 생기는 근거는 ① 당사자가 판결에 의한 해결을 구하는 것은 소송물인 권리관계이므로 그에 대한 판단으로서 주문에 기재된 것에 한하여 기판력을 인정하면 충분하고, ② 당사자는 소송물인 권리관계에 관하여 공격·방어를 다하는 것이 기대되므로, 이 점에 기판력을 인정하는 것은 절차권 보장·예상 외의 재판방지에 적합하고, ③ 기판력을 주문에 포함된 판단에 한정함으로써, 당사자는 전제문제에 관하여는 소송물의 판단이 필요한 한도 안에서 다투면 되고, 법원은 당사자의 신청순서나 실체법상의 논리적 순서에 구애됨이 없이 용이한 공격·방어방법으로부터 심리하여 결론에 이를 수 있으므로, 심리의 간소화·탄력화에 이바지한다는 점 등이 있다.

다만 주문에 포함된 판단은 간결하게 표현되므로 기판력이 생기는 사항을 파악하기 위해서는 판결이유를 참작하지 않으면 아니 된다. 그러나 이 경우에도 판결이유는 주문에서 판단된 소송물을 특정하기 위하여 참작되는 것일 뿐 이유에 포함된 판단 자체에 기판력이 생기는 것은 아니다.

### 2) 선결문제 및 모순된 반대관계

기판력은 전소와 후소의 소송물이 다르더라도 전소의 소송물에 관한 판단이 후소의 소송물에 관한 판단에 선결문제인 경우 및 양자가 모순된 반대관계에 있는 경우에도 작용한다.[146]

선결관계인 예로, 원금채권의 존재를 인정하는 확정판결 뒤에 이자 청구를 하는 경우, 원금채권의 부존재가 확정된 뒤에 변론을 종결한 뒤의 이자청구를 하는 것이고,[147] 모순된 반대관계의 경우, 전소의 이행판결에 의하여 금전을 지급한 피고가 원고를 상대로 하여 위 지급금이 부당이득이라고 주장하면서 그 반환청구를 하는 것이다.[148]

### 3) 상계청구

a 상계액수에 관하여도 예외적으로 기판력을 인정하고 있다.[149] 그 이유로는 첫째, 상계항변이 기판력이 있다고 보지 않으면 상계항변을 인용할 경우, 패소한 원고는 반대채권의 소멸을 주장하고 이미 지급한 대금은 부당이득이라 주장하며 부당이득 반환의 소를 제기하여 전소 판결의 기판력을 부정할 수 있다. 둘째, 상계항변이 배척되어 원고가 승소할 경우, 피고는 판단이 기판력이 없다는 이유로 상계항변으로 제기했던 금액에 대하여 소를 제기할 수 있다.

b. 상계항변에 대한 기판력은 어디까지나 자동채권의 존부에 관하여 실질적으로 판단을 한 경우에 한하며, 상계항변의 각하·성실상 상계가 허용되지 않는 경우는 포함되지 않는다. 상계항변에 전부 승

---

146) 성낙윤·유병현, 선게서, 704면.
147) 대판 1976. 12. 14, 76 다 1488
148) 대판 2001. 11. 13, 99 다 32905.
149) 한국은 법적으로 제216조 2항에 명시하고 있으며, 중국의 경우 법적인 규정은 없지만 대부분 학자들이 긍정적 태도를 취하고 있다.

소한 피고라도 본소의 피고로서 패소할 수 있기에 상소의 이익이 있다고 한다.[150]

이상은 소송물과 기판력의 객관적 범위의 일반에 대하여 살펴보았고 아래에 각 소송물이론에 따른 기판력의 객관적 범위를 살펴본다.

## 2. 기판력의 의의

확정된 종국판결에 있어서 청구에 대한 판결내용은 당사자와 법원을 규율하는 새로운 규준으로서의 구속력을 가지며, 뒤에 동일사항이 문제되면 당사자는 그에 반하여 되풀이하여 다투는 소송이 허용되지 아니하며(不可爭), 어느 법원도 다시 재심사하여 그와 모순·저촉되는 판단을 해서는 안 된다(不可反).[151] 따라서 기판력은 소송에 종지부를 찍는 역할을 하며 판결의 여러 가지 효력 중에서 가장 중요한 역할을 한다고 볼 수 있는 중요한 개념이다.

## II. 구실체법설의 기판력의 객관적 범위

구실체법설은 당사자가 소송 중에 주장한 실체법상 청구권 혹은 법률관계의 주장을 소송물로 보고 있다.

---

150) 이시윤, 전게서, 542면.
151) 상게서, 519면.

이행의 소에서 구실체법설은 원고가 소송 중에 주장하는 청구권을 소송물이라 한다. 따라서 기판력의 객관적 범위는 원고가 소송 중에 주장한 청구권이며 원고가 소송 중에 주장하지 않은 청구권은 전소 판결의 기판력을 받지 않으며 당사자는 별도로 주장할 수 있다. 부동한 사실로 인하여 발생한 부동한 청구권 중에서 주장하지 않은 것은 전소판결의 기판력의 차단을 받지 않으며 동일한 사실에서 발생한 부동한 청구권 중에서도 주장하지 않은 청구권도 전소 판결의 기판력의 차단을 받지 않는다. 이것은 구소송물이론이 청구권 경합의 경우에 발생한 난점이다. 이러한 문제점을 해결하기 위하여 중국의 경우 계약법 제122조에 당사자는 채무불이행책임 혹은 불법행위책임을 선택적으로 제기하여 청구권 경합의 문제를 해결하려는 시도가 있다. 하지만 이런 개별적인 해결로는 모든 청구권 경합을 해결할 수 없고 다만 자주 발생하는 사건의 범위 내에서만 청구권 경합을 해결할 수 있으나 채무불이행에 기한 청구권과 불법행위에 기한 청구권은 모두 실체법상으로 규정한 원고의 권리임에도 불구하고 주장할 수 없게 함은 권리를 강제적으로 포기하도록 하는 부족함이 있다.

확인의 소에서 구소송물이론은 원고가 존재 혹은 부존재에 관한 권리 혹은 법률관계를 소송물로 보기 때문에 원고가 후소에서 주장한 존재 혹은 부존재의 권리 혹은 법률관계가 전소와 같다면 전소 판결의 기판력의 차단을 받는다. 당연히 존재 혹은 부존재의 권리 혹은 법률관계의 내용이 전소와 다르다면, 전소 판결이 기판력이 차단을 받지 않는다.

형성의 소에서 구실체법설은 직접 형성내용을 소송물로 한다. 즉 형성청구의 내용과 완전히 같아도 형성사유가 다르다면 전소판결의 기판력은 후소의 청구에 미치지 않는다.


## Ⅲ. 二肢說에서의 기판력의 객관적 범위

二肢說은 소의 신청과 사실관계를 소송물의 구성요소로 한다. 따라서 판결의 기판력의 객관적 범위는 소의 청구와 사실관계 두 가지 방면에 미친다. 만약 전소와 후소의 소송물이 소의 신청과 사실이유가 같다면 후소는 전소 기판력의 객관적 범위 내에서 전소 판결의 기속을 받는다. 만약 후소의 신청과 사실이유 중 하나가 전소와 다르다면 전소 판결의 기속력을 받지 않는다.

이행의 소에서 동일한 자연사실로 발생한 청구권 경합의 경우, 예컨대 기차사고로 부상을 당한 승객이 불법행위에 기해 배상청구를 하였다가 패소된 뒤에, 같은 금액의 배상을 계약불이행을 원인으로 청구할 경우 후소는 전소의 기판력을 받는다. 왜냐하면 원고가 주장하는 청구권은 2개이지만, 동일한 사실관계에 비롯된 것이기 때문이다. 하지만 어음채권과 원인채권이 경합되는 경우에는 원고가 먼저 어음 발행 사실에 의하여 어음금을 청구하였다가 확정판결이 난 후 원인사실에 기하여 동일금액의 지급의 소를 제기할 경우, 전소와 후소의 신청이 동일하지만 의거하는 사실이 다르기 때문에 후소는 전소의 기판력의 차단을 받지 않는다.

확인의 소의 소송물은 청구취지에 표시된 권리 또는 법률관계의 주장이라고 보는 것이 한국의 통설이다.[152] 하지만 확인소송 중에서 원고가 선후로 제소한 두 개의 소가 사실관계와 신청 중 하나가 다르다면 소송물이 다르기 때문에 후소는 전소 기판력의 차단을 받지 않는다고 주장하는 학자들도 있다.[153]

형성의 소의 경우, 이행의 소와 크게 다르지 않으며 신청과 청구원인인 사실관계 양자에 의하여 소송물이 구성된다.[154] 이혼소송의 경우, '심히 부당한 대우'를 한 것과 '부정행위'를 한 것은 사실관계가 달라서 소송물이 다르다고 본다.[155]

이상은 신청이 동일하고 사실관계가 다른 경우였다. 사실관계가 같아도 신청이 다르다면 역시 다른 소송물이 된다. 예를 들어, 중국 혼인법 제10조 1항[156]에 의하여 원고가 중혼의 사유를 들어 혼인의 무효를 주장하여 패소한 경우, 다시 중국혼인법 제32조 3항[157]에 의하

---

152) 정동윤 · 유병현, 전게서, 246면; 이시윤, 전게서, 214면.
153) 호문혁, 「민사소송법」, 제3판(법문사, 2003), 131면. 상대권의 경우는 물론, 절대권의 경우도 권리취득원인인 사실관계까지 참작하여 소송물을 정하는 것이 민사소송법 체계에 맞다.
154) 정동윤 · 유병현, 전게서, 247면; 호문혁, 전게서, 127면.
155) 호문혁, 상게서.
156) 제10조 다음 각 호 1에 해당하는 경우에는 결혼을 무효로 한다.
　　1. 중혼
　　2. 결혼을 금지하는 친족관계에 있는 경우
　　3. 결혼 전에 의학상 결혼을 하여서는 아니 된다고 간주되는 질병을 앓고 있거나, 결혼 후 여전히 치유되지 않은 경우
　　4. 법정 혼인연령 미만일 경우
157) 제32조 다음 각 호의 1에 해당되어 조정이 무효가 되는 경우 이혼을 허가하여야 한다.
　　1. 중혼 또 배우자 있는 자가 타인과 동거하는 경우
　　2. 가정에 폭력을 행사하거나 가족구성원을 학대 · 유기하는 경우
　　3. 도박 · 마약 등 악습이 수차례 교육에도 고쳐지지 않는 경우
　　4. 감정불화로 별거기간이 만 2년이 된 경우

여 이혼청구를 할 수 있다. 이 사안에서, 사실관계는 하나지만 신청이 다르기 때문에 후소는 전소 판결의 기판력을 받지 않는다.

## Ⅳ. 一肢說에서의 기판력의 객관적 범위

一肢說에 의하면 신청만으로 소송물이 결정된다고 한다. 따라서 一肢說에 의하면 기판력의 객관적 범위는 소의 신청에만 미치고 사실관계에는 미치지 않는다.[158] 전소와 후소의 신청이 같다면 후소는 전소의 기판력의 차단을 받는다. 이 경우에 금전 또는 대체물의 지급청구의 경우에는 같은 당사자들 사이에 같은 내용의 청구권이 중복하여 성립될 수 있으므로 신청만으로는 소송물의 개수를 알 수 없다. 피고가 원고로부터 두 차례에 거쳐 각기 1억 원씩 대차하였을 경우, 처음 대여금의 지급을 신청하여 승소하였다면, 다음 1억 원에 대하여도 같은 신청이 되기에 기판력의 차단을 받는 기이한 결론에 이르게 된다. 이러한 점을 보완하기 위하여 一肢說을 취하는 학자들도 기판력에 관하여는 그들의 입장을 후퇴시키고 있다. Schwab도 신청을 소송물로 간주하지만 기판력의 객관적 범위의 문제에 있어서는 사실관계를 끌어들여 기판력의 객관적 범위를 확정하는 의거의 하나로 한다.[159]

---

5. 기타 부부의 감정이 파열된 경우
158) 일본의 이론은 대체로 一肢說을 기판력의 범위까지 확장시키고 있으며 사실관계에 대하여 법원의 석명권을 통하여 해결하려 하고 있다. 新堂幸司, 前揭書, 587－589面.

이행의 소, 확인의 소, 형성의 소는 모두 신청으로만 소송물이 결정되기 때문에 상호간에 크게 다르지 아니하므로 세세히 분류하여 논하지 않도록 한다.

## V. 一肢說의 객관적 범위에 대한 재분석

소의 신청에만 의하여 소송물을 확정하는 一肢說의 견해는 기판력의 범위가 너무 넓은 단점이 있다. 즉 一肢說에 의하면, 전소에서 원고가 제출할 수 없었던 사실과 신청의 주장을 뒷받침해 줄 수 있었으나 미처 발견하지 못했던 사실은 불행히도 묵살당하게 된다. 따라서 이런 사실관계는 기판력의 차단을 받지 말고 후소에서 제출할 수 있어야 한다. 이런 문제를 해결하고자 一肢說을 취하는 학자들은 기판력의 범위의 경직을 피하고 신축성을 강조하고 있다. 아래 그 신축성에 대하여 살펴보고자 한다.

### 1. Schwab와 Rosenberg의 견해

독일의 Schwab과 Rosenberg는 一肢說의 기판력의 범위를 좁힘에 있어서 二肢說과 대체로 같은 입장을 취하고 있다. 즉 기판력의 범위에 대한 해석에서 '소송자료가 제출된 한도 내'의 소송상의 칭구에 대하여 기판력이 미친다고 보아야 한다고 한다. 선소에서 제출한

159) 段厚省, 前揭書, 307面.

사실과 관계없는 것은 기판력에 의하여 차단효나 배제효를 받지 않고 신소를 제기할 수 있다는 것이다.[160]

## 2. 이시윤 교수의 견해

이와 달리 이시윤 교수는 Schwab과 Rosenberg와 같이 무조건적으로 기판력의 문제에 있어서 사실관계를 배제하는 것이 아니라 직권탐지주의 절차와 변론주의 절차를 구분하여 사실자료에 대한 실권효를 인정하고자 한다. 즉 직권탐지주의하에서는 기준 시 전의 일체의 사실자료는 기판력에 의하여 실권되나, 변론주의 절차에서는 당사자가 제출한 사실자료만이 판결의 기초로 되므로 제출되지 않은 사실자료는 기판력의 실권효를 받지 않는다는 것이다.[161]

## 3. 사 견

기판력의 객관적 범위를 판단할 때 그 기준을 어떻게 잡으면 분쟁을 일거에 해결하고, 소송의 통일을 꾀하면서도 一肢說의 대체물과 금전지급에 나타나는 모순을 해결하고 신축성의 합리를 꾀할 수 있을 것인가? 이 문제를 해결하여야만 소송물에 대한 판단을 세울 수 있는 것이다.

---

160) Schwab, Streitgegenstand, S. 154, 162. 재인용: 이시윤, 전게논문, 50면; Rosenberg, Lehrbuch, § 88 Ⅱc. 재인용: 상게논문, 51면.
161) 상게논문, 256-257면.

### 1) 원  칙

기판력은 판결의 주문에만 미치는데 판결의 주문인즉 당사자의 신청인 것이고 그 판결이유인 것은 아니다. 하지만 사실관계와 법적 관점에 대한 판단은 판결이유에 나타나는 것이다. 따라서 일반적으로 소송물＝기판력의 등식에 의하면, 신청(청구취지)에 의한 기판력의 범위는 신청에만 미치는 것이지 판결이유에까지 미치는 것이 아니다. 예외적으로 위에서 설명한 바와 같이 모순된 반대관계거나 선결관계가 있을 때에는 소송물이 달라도 기판력이 미친다고 하였다. 이에 앞서 소송물이 동일하면 후소는 전소의 기판력에 저촉된다. 이제 문제되는 것은 소송물의 동일성을 어떻게 판단하느냐 하는 것이다.

### 2) 기판력의 신축성

앞에서 이미 청구의 병합, 변경, 중복제소에서 다룬 바와 같이 소송물의 확정은 소의 신청에만 의하는 것이 여타 소송물이론보다 타당하다고 하였다.[162) 하지만 이런 이론을 기판력에까지 확장시키면 이에 대하여 가장 큰 장애가 되는 것이 바로 사실관계이다. 즉 획일적으로 一肢說의 이론을 기판력에까지 확장시키면 일부 경우에 원고가 주장하는 이익을 해하는 경우도 있게 된다. 이런 결과는 반드시 막아야 하기에 一肢說의 입장을 절대적으로 기판력에까지 확장시키는 것은 무리가 아니라 할 수 없다. 그렇다면 기판력의 신축성에 대하여 어떻게 보는가 하는 것이 초점이 된다.

---

162) 같은 견해: 김상훈, "소송물에 관한 연구", 연세대학교 대학원 박사논문, 1996년, 132면; 김용진, 「민사소송법」, 제3판(박영사, 2005), 116면.

一肢說을 취하면서 기판력의 범위를 좁힘에 있어서 二肢說과 대체로 같은 입장을 취하고 있는 Schwab과 Rosenberg의 입장은 이시윤 교수가 지적한 바와 같이 직권탐지주의와 변론주의를 가르지 않고 전소에서 제출하지 않은 사실관계는 전부 기판력이 미치지 않는다고 하는 단점이 있다. 직권탐지주의와 변론주의로 가르는 것은 한 걸음 진보한 것이라고 보인다. 하지만 과연 변론주의에 있어서 전소에서 제출하지 않은 사실이면 후소에서 동일한 신청으로 제소할 수 있는지, 직권탐지주의면 모든 사실관계가 기판력의 차단을 받는지 여부에 대하여도 연구해 볼 필요가 있다.

一肢說의 장점의 하나는 분쟁을 일회적으로 해결하는 데 있다. 따라서 법률적 관점이 공격·방어방법으로 된 것뿐만 아니라 사실관계도 一肢說에서는 공격·방어 방법으로 된다. 즉 一肢說의 입장에서는 모든 분쟁을 되도록 하나의 소송절차에서 해결하려는 것이다. 그러할진대 원고는 제출할 수 있던 공격방어방법인 사실자료를 모두 제출하여 심판을 받도록 함이 마땅하다. 따라서 변론주의에 의한다고 해서 제출할 수 있으면서도 제출하지 않은 사실들은 모두 기판력의 차단을 받지 않고 후소에서 제출할 수 있다고 하는 것은 一肢說의 본래의 취지에 반하는 것으로 문제가 있다고 본다. 또한 직권탐지주의하에서도 조사할 수 없는 사실관계가 있는데 마치 조사된 것처럼 간주하는 것도 문제의 소지가 있다고 본다.

### 3) 당사자 제출 가능성에 대한 판단

一肢說 분쟁의 일회성 해결의 기본입장을 최대한 살리면서 당사

자의 공평성에 입각하여[163) 一肢說의 기본입장을 취하면서 당사자가 전소에서 제출할 수 있었으나 제출하지 않은 사실은, 공격·방어방법의 제출에 대한 처분권주의에 의해 후소에서 기판력의 차단을 받는다. 반면에 전소에서 객관적인 사정으로 제출할 수 없었던 사실은 제출가능성과 심판가능성이 없었기 때문에 전소의 기판력의 차단을 받지 않는다고 본다. 변론주의하에서뿐만 아니라 직권탐지주의하에서도 법원은 모든 사실을 전부 조사하여 심리할 수가 없으므로 제출할 수 없었던 사실은 기판력의 차단을 받지 않는다고 보아야 한다. 즉 변론주의하에서든 직권탐지주의하에서든 제출가능성과 심리가능성이 있었던 사실은 기판력의 차단을 받고 반면에 제출가능성과 심리가능성이 없었던 사실관계는 기판력의 차단을 받지 않는다고 보는 것이다.

그렇다면 주장가능성이 있었는지 없었는지를 어떻게 판단하는가가 문제되는데 이것은 마치 시효소멸의 기산점을 판단하는 것처럼[164) 당사자가 권리관계 혹은 사실관계를 알 수 있었는지 없었는지를 판단하면 된다. 시효기산점에서의 손해의 사실은 당사자 의지와 관계없이 발생한다. 따라서 인신손해가 아닌 이상 당사자가 손해발생 즉시 그 사실과 가해자를 인지한다고 판단할 수는 없다. 마찬가지로 당사자 참여가 없이 발생되지만 당사자의 권리·의무를 발생시키는 사실관계는 전소에서 제출하지 않았다면 기판력의 차단을 받지 말아야 한다. 긴란히 예를 들어 설명하면, 이혼의 소를 제기할 경우에 한국 민법 제840조 2−5항인 악의의 유기, 부당한 대우, 배우자가 3

---

163) 민사소송의 목적 중 제일 중요한 사권보호의 입장에서 본 것이다.
164) 피해자나 그 법정대리인이 그 손해 및 가해자를 안 날로부터……

년 이상 분명하지 않은 아니한 사실 등은 원고 자신이 직접 참여한 것이기 때문에 제출할 수 있었던 사실로 간주하여 기판력의 차단을 받지만, 동조 1항인 배우자에 부정한 행위가 있다는 사실은 원고가 직접 참여하지 않은 사실이기 때문에 전소에서 주장하지 않으면 기판력의 차단을 받지 않는다는 것이다. 또 모든 계약 사실은 당사자가 직접 참여한 것이기 때문에 제소 당시에 제출할 수 있었던 사실로 간주할 수 있다는 것이다.

아래에서는 구체적인 예를 들어 주장가능성과 심리가능성을 살펴보도록 한다.

[예 1] 직권탐지주의하에서라면 동일한 청구의 사실관계에 전부 기판력이 미치는 것이 타당한가?

한국 가사소송법에 따르는 가류 또는 나류 사건은 직권탐지주의라고 하지만 악의의 유기 사실만 심리한 전소에서 피고의 부정행위를 발견하지 못하였다면, 원고가 후소에서 재차 이혼소송을 제기하는 것을 허락해야 한다. 왜냐하면 이러한 사실은 원고가 직접 참여하지 않기 때문에 원고도 모르고 법원이 직권탐지주의에 의하여 조사한다 해도 사실관계의 파악에 있어서 당사자에만 의하는 것보다 좀 더 확정적으로 할 수 있을 뿐이지 전지전능하지 않은 이상 모든 사실을 전부 조사해 낼 수는 없는 것이다. 따라서 조사하지도 못한 사실에 대하여 심판하지도 않고 직권탐지주의라 하여 기판력의 차단을 받게 함은 원고의 주장가능성을 제한하는 것이기 때문에 원고의 입장에서는 불공평하다. 환언하여 원고는 전소가 끝난 후에 피고의 부정행위의 사실을 입수할 수도 있는데 직권탐지주의라 해서 부정행위에 대한 심판을 받지 못한다고 하는 것은 재판을 받을 기회를 박탈하는 것으로서 재고할 필요성이 있다.

[예 2] 변론주의하에서면 동일한 청구이지만 주장하지 않은 사실관계에는 기판력이 미치지 않는다고 하는 것이 타당한가?

같은 부동산에 관한 매매계약과 취득시효의 완성이라는 사실로서 건물인도청구를 할 때 원고는 제소 당시에 모두 주장가능성이 있다고 판단해야 한다. 왜냐하면 원고자신이 부동산을 점유하고 있으므로 점유사실은 자신의 참여가 있었기에 점유사실의 시점을 알 수 있고 법적으로 취득시효에 대한 규정을 공시하고 있는 이유로 주장가능성이 충분히 있기 때문이다. 따라서 매매계약 사실에만 의해서 소를 제기했다 해도 후소에서 취득시효의 사실을 들어 동일한 소유권이전등기청구의 소를 제기할 수 없다는 것이다. 이렇게 해야만 원고가 동일한 목적을 위하여 사실관계를 달리하면서 여러 번 소를 제기하여 피고의 응소불안과 소송자원의 낭비를 유발하는 것을 막을 수 있다. 환언하여 원고가 객관적으로 주장가능성이 있었다면 전부 주장하여 판단을 받게 하여야 한다는 것이다.

상술한 본고의 입장을 도표로 표시하면 다음과 같다.

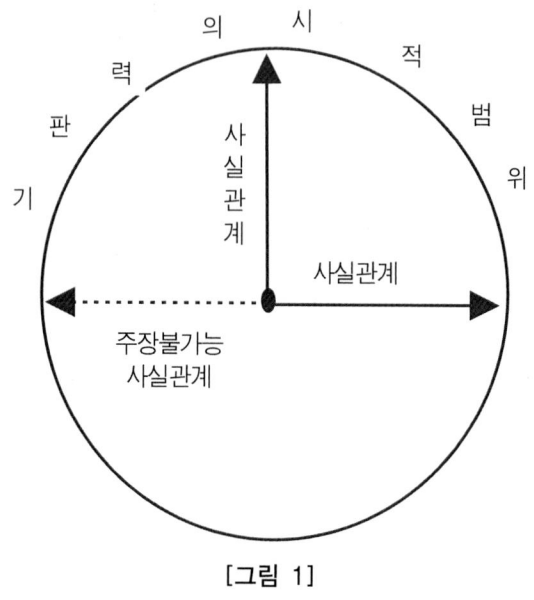

[그림 1]

설명: 동그라미 부분은 기판력의 기준 시, 즉 시적범위이다. 같은 청구에 대하여 기판력의 시적범위 이후에 발생한 사실은 주지하다시피 기판력의 차단을 받지 않는다. 그렇다면 본고의 연구는 동그라미 안으로 집중될 수 있다. 여기서 실선으로 표시한 부분은 기판력의 시적범위 내에서 주장가능 했던 사실관계를 표시하고 점선으로 표시한 부분은 당사자가 참여하지 않았지만 당사자의 권리·의무관계를 발생시키는 사실관계로서 기판력의 시적범위 내에서 발생한 사실관계이지만 객관적 환경의 제약으로 원고가 주장하지 못했거나 법원이 직권으로 조사할 수 없었던 사실관계를 말한다. 본고의 입장은 기판력의 차단은 실선으로 표시한 사실관계에 미치고 점선으로 표시한

사실관계에는 미치지 않는다는 입장이다. 즉 주장가능 一肢說이라 하겠다.

예1을 도표로 설명하면 부정행위는 원고의 참여가 없었기 때문에 원고와 법원 모두가 조사하려 해도 그 사실을 알 수 없었을 가능성이 있는 사실이므로 주장가능성이 없었던 것으로서 점선에 해당하여 기판력의 차단을 받지 않는다. 즉 전소에서 악의의 유기를 이유로 이혼청구 소송을 제기했을 경우에, 후소에서 부정행위에 기하여 이혼청구의 소를 제기할 수 있다는 것이다.

예2를 도표로 설명하면 취득시효와 매매계약은 원고 자신이 매매계약을 체결에 참여했기 때문에 매매사실을 알고 있을 것이고, 부동산의 점유에 대한 참여가 있었기 때문에 언제부터 부동산을 점유하고 있었던 것을 알고 있었을 것이므로 모두 실선에 해당하여 기판력의 차단을 받는다는 것이다. 즉 전소에서 매매를 이유로 건물인도청구소송을 제기했을 경우, 후소에서 점유사실을 이유로 건물인도청구소송을 제기할 수 없다는 것이다.

# 제5절 민사소송의 이상·목적과 결부시킨 소송물이론

## Ⅰ. 민소소송의 이상·목적

민사소송제도가 사권을 보호하고 이에 곁들여 사법질서의 유지와 분쟁의 해결에 이바지한다는 본래의 목적을 충실히 수행하기 위해서는 재판을 적정·공평·신속·경제적으로 처리해야 하는데 이것이 바로 민사소송의 이상이다.[165]

## Ⅱ. 민사소송의 이상과 결부시켜 본 소송물이론

소송물을 연구함에 있어서 결국은 민사소송의 이상과 목적에 뿌리를 내릴 수밖에 없다. 민사소송의 이상은 구체적인 소송일 경우에 4가지 이상이 상호 충돌할 수 있겠지만 전법질서로 놓고 보면 4가지 이상의 조화를 이루는 것이 최종목표이다.

### 1. 적정에 대한 검토

적정이란 재판의 내용이 올바르고 과오가 없어야 한다는 것이

---

165) 정동윤·유병현, 전게서, 21면.

다.[166) 따라서 모순되는 판단도 없어야 한다. 하지만 동일한 이행이면서 구실체법설과 二肢說에 따를 경우 중복제소의 가능성이 있으므로 모순되는 판결이 나올 수 있고 적정의 이상에 반하게 된다. 또한 주위적 청구와 예비적 청구의 문제에서도 상소심에서 올바르지 못한 판결이 나오게 된다. 하지만 一肢說을 취할 경우 동일한 목적이면서 모순되는 판단이 나올 우려는 없다. 또한 원고의 참여가 없었던 사실관계는 기판력의 차단을 받지 않으므로 후소에서 적정한 판결을 꾀할 수 있다.

## 2. 공평에 대한 검토

공평이란 양 당사자를 평등하게 취급하고, 또 이익이 되는 사항을 주장할 수 있는 기회를 균등하게 부여하는 것을 말한다.[167) 구실체법설과 二肢說은 한 번의 이행이면서 여러 번 나누어 제소할 가능성을 부여하게 되면 피고의 입장에서는 여러 번 응소해야 하는 불편을 겪게 된다. 과연 한 번의 소로 완결할 수 있는 사건을 원고에게만 여러 번에 나누어 제소할 가능성을 주고 피고에게는 한 번에 매듭을 지을 수 있는 기회를 주지 않는 것이 공평하다고 할 수 있는지 의문이 든다. 공평이라면 이익이 되는 사항을 주장할 수 있는 기회를 균등하게 부여해야 함에도 불구하고 피고는 말 그대로 피동적인 위치에만 처해 있는 것은 진정한 공평이 아니라고 본다. 이런 경

---

166) 상게서, 26면.
167) 상게서

우에 피고도 한 번의 재판절차에서 분쟁을 해결할 수 있는 이익이 되는 사항을 부여하는 一肢說이 양 당사자에 모두 공평한 이론이 아닌가 한다.

## 3. 신속·경제에 대한 검토

신속이라 함은 소송의 완결을 가능한 한 빨리 행하는 것이다. 경제라 함은 소송에 필요한 법원과 당사자의 비용을 가능한 한 적게 하고, 자력이 없는 사람도 소송제도를 쉽게 이용할 수 있도록 배려하는 것이다.[168] 신속과 경제는 불가분적이다. 완만한 재판이 경제적일 수는 없다. 하나의 사실관계에 기한 여러 개의 청구권마다 하나의 소송물로 보는 구실체법설이나 사실관계가 다르면 소송물이 다르다고 보는 二肢說은 청구의 변경·병합의 절차를 거쳐야 하고 기판력의 저촉을 받지 않기 때문에 같은 분쟁의 해결이면서도 여러 번 재판을 받아야 하므로 원·피고나 법원 모두에게 소송자원의 낭비를 초래하며 신속한 재판을 꾀할 수 없다. 오히려 청구로만 소송물을 가리면 같은 분쟁의 해결이면서도 모순되는 재판을 방지하여 적정을 꾀할 수 있고, 실체법상의 청구권과 사실관계는 모두 공격·방어 방법으로 보기에 하나의 절차에서 신속하게 재판을 끝내고 삼자의 경제를 도모할 수 있다.

---

168) 상게서, 26-27면.

## Ⅲ. 민사소송의 목적과 결부시켜 본 소송물이론

　민사소송의 목적은 여러 가지가 있는데 무게중심을 어디에 두느냐는 각 국가와 시대배경에 따라 조금씩 다르게 된다. 독일은 19세기에 사권보호설이 당연한 것으로 받아들여졌다가 사법질서유지설이 한때 대두되었고 2차 대전 이후에는 다시 사권보호설이 부활하고 있다. 일본의 경우는 분쟁해결설이 지배적인 견해로 군림하고 있고 미국에서도 민사소송의 목적을 분쟁해결에 치우치고 있다.[169] ADR의 논의가 활발히 진행되고 있는 시대배경으로부터 볼 때 분쟁해결설을 이론상 받침해 주는 것 같다. 왜냐하면 재판은 원래 국가가 사인의 사력구제를 금지하는 대상으로 사권을 보호하여 주지 않으면 안 되는데 지금은 국가가 공권적 해결방법을 중재, 조정, 상담 등 기타 방식으로의 해결을 유도하고 있기 때문이다. 당사자는 같은 목적을 위하여 소송을 선택할 수도 있고, ADR의 방식을 선택할 수도 있는데 ADR은 소송 외의 분쟁해결방식이므로 당연히 분쟁해결을 목적으로 한다. 따라서 민사소송과 ADR의 절차적 측면에서 운영방식이 다르다는 이유로 민사소송의 목적은 사권보호에 있고, ADR의 목적은 분쟁해결이라는 주장 보다는 양자를 같은 목적을 위한 통일체로 보는 것이 타당할 것 같다. 왜냐하면 분쟁해결을 적절한 방법으로 진행하면서 사권의 보호를 해 줄 수도 있고 적절한 사권보호를 위하여 타당하게 분쟁을 해결할 수도 있기 때문이다. 이런 이유로 본고

---

169) 唐德華, 金俊銀, 「民事訴訟理念與機制」(中國政法大學出版社, 2004), 50－53면.

에서는 민사소송의 목적이 사권보호와 분쟁해결의 통일체라는 입장에서 소송물이론의 타당성을 살펴보고자 한다.

## 1. 사권보호에 대한 검토

구실체법설과 二肢說은 사권을 보호함에 있어서 원·피고의 권리를 평등하게 보호해 줘야 하는데 원고의 입장에 무게중심을 두고 있는 듯하다. 왜냐하면 하나의 목적이면서도 원고가 여러 번 제소할 수 있도록 하는 것은 원고에게는 충분한 사권보호의 기회를 주지만, 전소에서 승소한 피고의 사권은 재차 도마 위에 놓이는 격이 된다. 본고에서 취하는 주장가능 一肢說의 경우, 원고에게도 제소가능성을 충분히 주고 피고에게도 한 번 승소한 권리가 다시 시험을 받지 않게 하므로 양 당사자의 사권을 평등하게 보호할 수 있다고 본다.

## 2. 분쟁해결에 대한 검토

민사소송의 목적이 분쟁의 해결에 있다면 원·피고의 입장을 함께 평등하게 고려하여 분쟁의 원활한 해결을 꾀해야 한다. 본고에서 취하는 주장가능 一肢說은 모순된 판결을 방지하면서 분쟁의 일회성 해결의 중요성을 강조하는 것이므로 분쟁해결의 목적에 가장 부합되는 이론이라고 생각된다. 즉 당사자들에게 절차보장의 기회를 주는 동시에 분쟁의 일회적 해결을 꾀하는 것이다.

# 제6절 소송물이론의 타당성에 관한 소결

본 장에서 우리는 소송물의 판단기준으로 되는 청구의 병합·변경·중복제소·기판력을 전형적 사례와 중국의 법률규정에 비추어 살펴보았고 민사소송의 뿌리인 이상과 목적에 결부시켜 생각을 해 보았다. 청구의 병합·변경·중복제소의 문제에서는 一肢說이 타 설과 비교하여 볼 때 소송주체인 당사자와 법원에 유리하며 기판력의 부분에서 삼자의 관계를 볼 때 소송을 진행하는 것은 완전히 당사자 일방의 사적처분이 아니리 삼지의 이익을 종합저으로 고려해야 하기 때문에 기판력의 신축성을 석낭히 조질해야 한다. 즉 본고에서 저자가 취하는 신축성의 접합점은 변론종결 시까지 주장 가능하였던 사실은 기판력의 차단을 받고 주장가능성이 없었다고 판단될 경우에는 기판력의 차단을 받지 않도록 해야 한다는 것이다. 이렇게 함으로써 二肢說에 의해 사실관계를 판단할 때의 모호한 것을 피할 수 있으며 민사소송의 이상과 목적에 가장 부합되는 이론이라고 생각한다. 따라서 주장 가능한 一肢說이 종합적인 측면에서 타당하다고 보인다.

# 제5장

# 소의 종류에 따른 소송물의 재구성

사적인 분쟁이 법원의 판결을 요하는 것은 결국 원고가 자기의 이익이 침해당하였으므로 그 이익[170]을 구제하기 위해서이다. 즉 원고가 법원에 판결을 요하는 것은 그 이익의 보장을 위한 목적에서이다. 따라서 이러한 원고의 실질적 목적과 민사소송의 적정·공평·신속·경제의 이상 아래 본고에서 취하는 주장가능 一肢說로 소의 종류[171]를 나누어 살펴봄으로써 중국 민사소송에 있어서 소송물의 이론을 정립해 보고자 한다.

---

170) 2007년 10월 28일에 민사소송법을 부분 수정하였지만 소송물에 관한 내용은 수정이 되지 않았다. 다만, 수정 과중에 제출된 수정건의고에 의하면, 제소요건의 '직접적 권리·의무관계에 있어야 한다.'는 조항을 '원고가 소의 이익이 있어야 한다.'로 수정할 것을 제안하고 있다. 즉 중국의 입법과정에서도 소의 이익이란 용어의 사용을 고려하고 있다. 江偉, 「中華人民共和國民事訴訟法」 修改建議稿(第3稿)及立法理由(人民法院出版社. 2005), 46面.

171) 지금까지 소의 종류를 이행의 소·확인의 소·형성의 소로 나누는 3분설이 통설이나 이와 달리 1) 확인의 소가 모든 소의 기본형이라고 보는 견해, 2) 소를 확인의 소와 형성의 소로 2분하려는 견해, 3) 통설의 3종의 소외에 제4의 이른바 구제의 소를 인정하려는 다른 견해가 있다. 본고에서는 통설에 의한 분류로 소송물의 구성을 하기 때문에 소수설인 소의 분류는 濾過하도록 한다.

# 제1절 이행의 소에서의 소송물

## Ⅰ. 정  의

이행의 소란 피고에 대한 특정한 이행청구권의 존재를 주장하여, 그 확인과 이에 기한 이행을 명하는 판결을 구하는 소이다.[172] 이행의 소에는 일반적으로 두 가지 있다. 즉 금전, 물건의 이행과 행위의 이행이다.

## Ⅱ. 이행의 소의 소송물의 특정

주장가능 一肢說에 의하면 특정물과 특정행위의 이행[173]의 소송물은 소의 신청에 의해서 가려지지만 금전이나 대체물, 중복이 가능한 행위 이행[174]의 소송물은 신청뿐만 아니라 사실관계도 참작해야 한다. 왜냐하면 이런 겨우에 원고의 소의 이익은 결코 하나가 아니라 서로 다른 소의 이익이 있기 때문이다. 그중 주장할 가능성이 없었던 사실관계에 기한 이행청구는 기판력의 차단을 받지 않기 때문

---

172) 정동윤·유병현, 전게서, 57면.
173) 특정행위의 이행이라 함은 특정된 극본의 창작, 인체 특정부위의 절제 수술 등을 말한다.
174) 중복이 가능한 이행이라 함은 표현, 수업 등 반복적으로 가능한 행위를 말한다.

에 후소에서 제기할 수 있다.

상술한 것은 일반적인 상황하에서 이행의 소의 소송물의 확정표준
이다. 하지만 이행의 소는 세 가지 소의 종류 중에서 제일 복잡하고
문제점이 많은 부분이므로 아래에서는 주로 쟁점이 되는 특수한 경
우를 골라서 살펴보도록 한다.


## Ⅲ. 일부청구의 소송물

일부청구란 수량적으로 나눌 수 있는 급여를 목적으로 하는 채권
또는 대체물, 특히 금전채권을 원고가 임의로 분할하여 그 일부를
청구하는 것을 말한다.[175] 금전채권이나 대체물에 관한 채권의 일부
만을 소송물로 하여 청구하는 일부청구는 간이소송절차[176]와 소액심
판절차[177]를 이용하여 소송의 신속한 진행과 법원의 판단을 시험해
보는 데 있다고 볼 수 있다. 일부청구의 문제는 분쟁의 집중적・일
회적 해결요구와 분할청구에 있어서의 당사자 특히 원고의 편의라는
양가치의 비교형량이라는 법 정책적 고려라고 볼 수 있다.[178]

일부청구의 문제에 대하여 제한적 긍정설[179]과 전면적 긍정설이 있
다. 전면적 긍정설이라 함은 명시적 일부청구는 물론, 묵시적 일부청

---

175) 정동윤・유병현, 전게서, 254면.
176) 주로 RMB 1만 위안 이하 사건. 江衛, 前揭書, 56面.
177) 주로 RMB 2000위안 이하 사건. 상게서, 57면.
178) 이석산, "일부청구에 대한 소송법적 고찰", 「소송과 법조의 제문제」(한
　　 국사법행정학회, 1995), 108면.
179) 정동윤・유병현, 전게서, 255면; 이시윤, 전게논문, 188면.

구의 경우에도 후소로 잔부청구를 할 수 있다는 것이고, 제한적 긍정설은 명시적 일부청구만 후소로 잔부청구를 할 수 있고, 묵시적 일부청구는 후소로 잔부청구를 할 수 없다는 것이다.

이와 달리 일부청구 부정설도 전면적 부정설[180]과 제한적 부정설로 나눈다. 전면적 부정설은 일부청구의 명시 여부와 관계없이 언제나 일부만을 청구하여도 그것은 전부청구로서 소송물은 채권 전부라고 보고 일부청구 후의 잔부청구를 허용하지 않는다. 또한 일부 학자는 수량적으로 급여를 나눌 수 있지만, 법률효과의 주장으로서의 권리는 나눌 수 없다고 하면서 전면적 부정설을 취하고 있다. 제한적 부정설은 채권의 이행기가 다른 때와 같이 일부가 다른 부분과 구별되는 경우 및 전부청구를 하는데 법적 장애가 있는 경우 등을 제외하고는 일부청구가 허용되지 않는다고 한다.

이와 같이, 일부청구의 문제는 원고의 이익과 분쟁해결의 일회성 등 효율을 종합적으로 고려하여 결정하지 않으면 아니 된다. 분쟁의 일회성 해결을 꾀하려면, 원고의 일부청구를 허용하지 않는 것이 마땅하나 원고가 소를 제기함에 있어서 승소여부를 모르고 많은 소송비용을 지급하도록 강요당하는 것 역시 문제라 하겠다.[181] 이런 점에서 묵시적 일부청구일 경우에는 원고가 이에 만족한다고 추정하고 전부청구를 한 것으로 보나, 명시적 일부청구일 경우에는 원고가 잔액청구에 대해 포기하지 않음으로 인정하는 제한적 긍정설이 다른 설보다 타당한 듯 보인다. 그렇다면 제한적 긍정설이 입장을 수송물 이론과 결부시키면, 묵시적 일부청구일 경우에는 잔부청구는 일부청

---

180) 段厚省, 前揭書, 139面.
181) 이시윤, 저게논문, 188면.

구와 같은 소송물이요, 명시적 일부청구일 경우에는 다른 소송물로 보고 있다. 아래에서는 몇 개 부분으로 나누어 일부청구에 대하여 살펴보고자 한다.

## 1. 중복소송의 문제

일부청구가 중복제소에 해당한지 아닌지의 문제는 결국 소송물이 동일한가를 판단하는 문제로 된다. 즉 일부청구를 허용하게 되면, 소송물이 다르기 때문에 중복제소에 해당하지 않을 것이고, 일부청구를 불허하게 되면 소송물이 같기 때문에 중복제소에 해당하게 된다.

1) 명시적 일부청구의 경우에는 그 일부분만이 소송물이므로 잔부청구를 별소로 제기하여도 중복된 소제기에 해당하지 않는다고 한다. 이는 소송법설의 소의 신청, 즉 일정한 법률효과의 주장이라는 것과 모순된다. 왜냐하면 이행을 청구할 수 있는 법적 지위가 소송물이 되는 것이지 그 소송목적물인 액수가 소송물을 결정하는 것은 아니다. 따라서 명시적 일부청구는 소송목적물의 분할을 소송물의 분할과 같게 보는 개념적 모순에 빠진다. 이러한 불합리한 점을 보완하기 위하여 명시적 일부청구설의 입장에 있으면서도 일부청구가 소송 계속 중인 때에는 동일 소송절차 내에서 청구취지의 확장에 의하여 잔부에 대한 청구가 가능하므로 소송경제와 재판의 저촉을 방지하기 위해서 별소로 잔부청구를 하는 것은 중복소송에 해당되어 부적법하다고 한다.[182] 하지만 이러한 입장은 소송물이론의 일관성

을 보이지 못하고 기교적인 면이 있는 것 같다.

2) 묵시적 일부청구는 원고가 일부청구의 표시를 하지 않은 상황에서는 전부청구를 한 것처럼 간주한다. 즉 분쟁의 일회성 해결과 중복제소의 문제, 병합 등 문제에 나타나는 문제를 방지하기 위한 것이다. 피고와 법원의 입장을 고려함이 뚜렷하다. 그렇다면 명시적 일부청구의 경우에는 중복제소를 허용함으로써 중복제소의 문제에 해당하여 모순된 판결을 내릴 수 있을 뿐만 아니라 같은 법률효과의 주장이면서 피고가 두 번 제소를 당하고 법원이 두 번 심리를 해야 하는 해를 끼치면서까지 원고의 입장을 고려해 줄 필요가 있는가 하는 것이 의문이 든다. 저자의 입장은 어디까지나 당사자에게 권리를 행사할 수 있는 기회가 주어졌고, 법원이 심리할 수 있는 기회가 주어졌다면 그다음으로 고려해야 할 것은 분쟁의 일회적 해결이라고 본다. 즉 민사소송이 비록 당사자의 실체권리와 절차보장 권리의 처분권이 있다 하지만 이는 어디까지나 상대방 당사자와 법원의 소송 자원의 낭비를 초래하지 않는 것을 전제로 해야 한다. 원고가 승패의 여부에 대해 판단이 서지 않은 상황에서 전부청구에 대하여 제소를 하도록 강요당하는 것은 기혹한 결과를 빚게 된다고 하는 것은 문제가 있다고 보는 견해가 있다. 사실적으로 중국같이 큰 나라에서 헤이룽장 성에서 일부청구에 대하여 소를 제기하였는데 명시적으로 세시하였다 하며 관할권이 있는 해남성에서 잔부청구에 대하여 별소를 제기하게 되면 피고의 응소비용이 큰지 원고의 소송비용이 큰지

---

182) 방순원, 「민사소송법(상)」(한국사법행정학회, 1989), 354면.

는 계산할 수가 없다. 또한 소권이 남용이 되지 않는 한 분할청구를 인정해야 한다고 하는 견해가 있는데 어떤 경우를 소권의 남용으로 보아야 할지도 판단하기 어렵다.

일부청구를 허용하지 않아 원고가 과중한 소송비용을 강제당해야 한다는 입장에서 일부청구(혹은 제한적 일부청구)를 인정해 줄 것이냐 하는 문제를 중복제소를 허용하여 모순된 판단이 나올 우려를 감안하면서 피고의 소송비용의 지출과 법원의 소송자원의 낭비까지 초래하는 것으로 볼 때 이익형량의 입장에서 보면 원고가 전부청구를 하도록 하거나 전부청구를 하였다고 간주하는 것이 타당할 것으로 보인다.[183] 다만, 극히 예외적으로 일부청구를 인정할 필요가 있을 경우에는 법원이 정책적인 판단에서 전법질서의 측면에서 허용할 수 있도록 재량에 맡길 수는 있다.


3) 일부청구를 하였다가 그 수량을 확장하는 경우에는 소송물의 동일성에 변동이 없으므로 청구의 변경[184]이 아니라 단지 소송목적물의 양적 확대로 보아야 한다.[185]

---

183) 같은 취지: 유택형, "일반청구와 기판력의 가분성문제", 「고시계」, 제16권 8호(1971), 70면; 김홍규, "일부청구의 소송상의 취급", 고시연구, 6월호(1974), 84; 三ヶ月章, 전게서, 114면.

184) 중국 민사소송법 수정건의고 제275조에서는 소송청구의 확대 혹은 제한은 청구의 변경이라고 한다. 하지만 그 해석을 보면 청구의 확대는 '사과하는 것'만 청구하였다가 '손해배상'을 추가 청구하는 것을 말하며 청구의 減縮이란 '소유권의 확인 및 반환청구'에서 '소유권의 확인'만 구하고 '소유권의 반환청구'는 구하지 않는 것을 말한다. 즉 소의 신청의 변경을 말하는 것이지 소송목적물의 수량의 확대·감축을 말하는 것이 아님을 알 수 있다. 江衛, 전게서, 243면.

## 2. 시효중단의 문제

중복소송의 문제에서 살펴보았다시피 일부청구 부정설이 타당하다고 보며 소송물론과 결부시켜 볼 때 저자가 취하는 주장가능 一肢說의 입장에서 원고에 주장가능성이 주어졌다면 분쟁을 일회에 해결하는 것이 바람직하다고 본다. 시효중단의 문제에서 일부청구와 잔부청구의 구별이 없이 하나의 소송물로 보기 때문에 별소로 잔부청구를 할 수 없으며 따라서 시효중단은 전부에 미친다고 보아 소를 취하하였다가 전부 청구에 대하여 다시 소를 제기할 수도 있고, 동일소송절차에서 시효소멸이 되지 않고 언제든지 청구의 확정을 할 수 있다.

이와 반면에, 명시적 일부청구설은 명시적 일부청구의 경우에는 그 일부분만이 소송물이므로 시효중단의 효력은 그 일부에 한하여 발생하고 묵시적 일부청구의 경우에는 채권의 동일성이 인정되는 범위 안에서는 그 전부에 대하여 시효중단의 효력이 발생한다고 한다.[186] 따라서 명시적 일부청구일 경우, 원고는 잔액청구에 대하여 항상 시효의 중단문제로 고민하지 않으면 아니 되는 불안한 점이 있으므로 결코 명시적 일부청구가 원고에게 유리하다고만은 볼 수 없다. 이러한 문제를 해결하기 위하여 일부청구의 경우라는 특수한 문제에서는 명시적인가 묵시적인가를 가리지 않고 그 권리관계의 전부에 대하여 시효중단의 효력이 미친다고 하는 견해가 있다.[187] 하지만 이러한 견해

---

185) 한국의 통설은 청구이 확장은 청구의 변경으로 보나 청구의 감축은 피고의 방이를 고려할 필요가 없다는 이유로 청구익 변경에 해당하지 않는다고 풀이한다.

186) 이시윤, 전게서, 252면.

는 역시 소송물이론의 일관성을 유지하지 못하며 명시적 일부청구를 취할 때에 발생하게 되는 불합리한 점을 해결하기 위한 방법에 지나지 않는다는 느낌이 든다.

## 3. 기판력의 범위

저자는 일부청구부정설을 취하고 있기 때문에 일부청구를 하여도 그 소송물은 전부채권이므로 일부청구에 대한 판결의 기판력은 원고가 주장한 채권의 전부에 미치고 따라서 잔부청구를 하는 것은 기판력에 저촉된다.

반면에 일부청구 긍정설은 잔부청구에 대하여는 기판력이 미치지 않는다고 하고 제한적 일부청구 긍정설은 명시적 일부청구일 경우에는 잔부에는 기판력이 미치지 아니하나 묵시적 일부청구의 경우에는 소송물은 그 전부이므로 잔부청구는 기판력에 저촉된다고 한다.[188] 일부청구긍정설과 명시적 일부청구 긍정설은 모두 모순되는 재판을 초래할 위험이 따른다.

## 4. 후유증에 의한 손해배상청구와 일부청구이론의 문제

손해배상청구소송에 있어서 손해액의 예측이 곤란한 경우, 특히

---

187) 정동윤·유병현, 전게서, 257면; 이석산, 전게논문, 122면.
188) 정동윤·유병현, 258면.

후유증으로 인한 배상청구의 경우에는 일부청구를 인정하지 않으면 원고에게 가혹하다는 이유로 일부청구를 인정해야 한다는 견해가 있다.[189] 하지만 후유증에 관한 손해배상청구는 전소의 표준시에 객관적으로 예측할 수 없었던 손해이기 때문에 기판력의 시적범위의 문제에 해당되어 후소로 제기할 수 있을 것이다. 소송물이 별개인 것으로 보아야 한다.[190]

## 5. 일부청구와 과실상계의 문제

일부청구를 한 경우에 기판력의 객관적 범위에 미치게 되는 상계 또는 과실상계를 어떤 기준으로 진행할 것인가가 문제된다. 즉 상계 또는 과실상계를 한 후 남은 자동채권에 대하여 피고가 별소로 제기할 수 있는가도 문제가 되고 있다.

1) 우선 과실상계에 대한 부분을 살펴보도록 한다. 과실상계를 함에 있어서 外側說[191]과 按分說[192]의 대립이 있다. 원고가 일부청구를 제기할 때에는 자신의 과실이 일정한 정도 있기 때문에 그 사실을 인정하는 기초에서 인용판결을 받을 만한 금액의 청구를 한 것으

---

189) 김홍규, 「민사소송법」 제4판(삼영사, 1999), 262면.
190) 같은 취지: 이시윤, 전게서, 538면; 정동윤·유병현, 전게서, 259면.
191) 채권의 전액을 기준으로 하여 여기에서 상계 또는 과실상계를 하는 방법이다. 상계한 뒤에 남은 잔액이 청구권을 초과할 때에는 청구권의 범위 안에서 인용하고, 잔액이 청구액에 미달할 때에는 잔액대로 인용하게 된다. 상게서.
192) 일부청구액을 기준으로 하여 여기에서 상계 또는 과실상계를 하는 방법이다. 이에 의하면 청구금액의 전액이 인정되는 예가 없게 된다. 상게서.

로 보일 때가 많다. 따라서 법원은 사안의 심리과정에서 과실상계가 될 만한 사안과 손해금액으로 보아 원고가 청구한 금액의 이행을 받을 법적 지위가 있는가를 판단해야 한다. 그러지 아니하고, 원고가 인용판결을 받을 만한 금액을 청구하였음에도 불구하고 청구금액에서 과실상계를 한다면 원고는 자타 두 번 과실상계를 당하는 것으로 되어 불합리하다.

하지만 일부청구 부정설을 취하지 않고 명시적 일부청구를 취할 경우, 그 명시한 일부만이 소송물로서 심판의 대상이 된다고 보아야 하는데, 외측설을 관철하여 손해전액에서 과실 상계한다면 유보하여 둔 잔액부분에 대해서까지도 심판한 결과가 된다. 따라서 당사자처분권주의에도 명백히 반하고, 만일 원고가 다시 후소로 잔부청구를 하는 경우에 전소에서 행하여진 과실상계의 결과를 어떻게 참작해야 할 것인지 하는 문제가 남는다.[193]

2) 다음으로 상계에 관하여 살펴보도록 한다. 중국 「계약법」 제99조는 당사자가 기한만료 시에 상호 채무를 부담하고 그 채무 목적물의 종류·품질이 서로 같은 경우, 임의의 일방은 자기의 채무와 상상대방의 채무를 상계할 수 있다고 한다. 다만 법률규정이나 계약의 성질에 따라 상계할 수 없는 것은 제외한다. 당사자가 상계를 주장하는 경우, 상상대방에게 통지하여야 하며 상계는 조건이나 기한을 붙일 수 없다고 규정하고 있다. 제100조에서는 당사자가 서로 채무를 부담하고 목적물의 종류·품질이 서로 다른 경우, 당사의 협상이 일치되면 상계할 수 있다고 규정하고 있다.

---

193) 이석산, 전게논문, 126-127면.

민사소송에서 당사자가 상계항변을 제출할 수 있도록 함은 거래비용을 낮추고 경제거래의 속도를 빨리하기 위함이다. 기판력의 객관적 범위에서 다루었다시피 상계항변에는 기판력이 미치게 된다. 따라서 일부청구와의 상계를 어떤 기준으로 인정해야 할지가 문제된다. 본고에서는 일부청구 부정설을 취하고 있으므로, 즉 표현으로는 일부청구라고 하지만 실질로는 전부청구로 간주하고 있기 때문에 청구범위 내에서 상계를 하여야 한다고 본다. 여기에는 결코 外側說 혹은 按分說로 나누지 않는다. 왜냐하면 원고가 이미 형식적 전부청구의 요건을 갖춘 이상 법원이 따로 채권전액이 있다는 판단을 할 필요가 없기 때문이다. 아울러 원고가 청구를 함에 있어서 피고의 상계항변까지 고려하여 청구금액을 확정한 것일 수도 없기 때문이다.

3) 상계항변에서 또 하나의 문제는 피고가 자동채권으로 상계항변을 한 후에 남은 잔액을 후소에서 청구할 수 있는가 하는 문제이다. 이에 대하여 상계항변은 독립된 소송물이 아니고 피고가 반소로 제기한 것도 아니기 때문에 동일절차에서 피고는 자동채권 전부를 제출했다 해도 원고의 소구채권의 한도에서만 미치고 잔액은 인용판결을 받을 기회가 없다. 즉 피고는 잔액부분에 대하여 원고를 상대로 법원에 이행판결을 받을 가능성이 없었던 것이다. 그러므로 우리가 취하는 입장인 주장가능성과 심판가능성의 판단표준에 의하여 잔액부분은 기판력의 차단을 받지 않으며 별소로 제기할 수 있다.[194]

---

194) 이에 대하여 상계항변을 승급시켜 항계성구, 즉 독립적 소송물로 보자는 견해가 있다. 이렇게 함으로써 판결주문에 상계에 관한 판단을 하도록 하자는 것이다. 또한 피고가 상계항변을 제출함에 있어서 일부 채권만 주장할 것이 아니라 전부 채권을 주장하여야 한다고 한다. 그러지 아니하면 잔부채권은 포기한 것으로 간주한다. 이는 동일사실에

4) 마지막으로 짚고 넘어가야 할 문제는 과실상계와 상계항변을 모두 할 때, 먼저 과실상계를 진행한 후 상계항변을 하여야 한다는 것이다. 이러한 경우에 과실상계를 하고 남은 잔액에 대하여 상계항변을 해야 하는데, 이때도 外側說의 입장으로 판단하려면 너무 무리한 점이 없지 않다.[195] 즉 이미 과실상계를 모두 진행하여 남은 잔액에 대하여 다시 원고의 전부 주장을 기준으로 하여 판단한다는 것은 심리절차상 불가사의한 것이기 때문이다. 예를 들어 실손해가 1,000만 원인데 그중 400만 원을 청구한 경우에 과실상계의 비율로 50%에 상당하다고 하면 외측설에 의하여 과실상계를 하고 나면 500만 원이 되는데 이는 청구의 범위 밖에 있으므로 청구한 금액인 400만 원을 인용하게 된다. 이때 피고의 자동채권이 300만 원이라면 외측설에 의해 과실상계를 한 다음의 500만 원을 반대채권으로 상계를 진행해야 하므로 결국 200만 원을 인용하는 결과가 된다. 하지만 피고가 자동채권을 별소로 제기하면 원고에게는 전소에서는 400만 원을 지급하고 후소에서는 300만 원을 지급받기 때문에 결과적으로 피고는 전소 원고에게 100만 원을 지급하게 되는 모순되는 결과(즉 전소에서는 200만 원을 지급하고, 후소에서는 100만 원을 지급하는 결과)를 초래하게 된다. 이렇다면 피고의 입장에서는 당연히

---

대하여 모순되는 판결이 나오는 것을 철저히 막으려는 입장에서인 것 같다. 段厚省, 前揭書, 139面.

195) 한국 판례는 일부청구를 소구채권으로 하여 반대채권으로 상계하는 경우에도 일부청구가 아니라 채권전액에서 상계를 하고 그 잔액이 청구액을 초과하지 아니할 경우에는 그 잔액을 인용하고 그 잔액이 청구액을 초과할 경우에는 청구의 전액을 인용하는 외측설을 취한다. 대판 1984. 3. 27, 83 다 323.

본 소송절차에 상계항변을 하지 않기 마련이고 상계를 허용하는 소송목적과 이상에 반하게 된다.

## 6. 일부청구이론과 소송물과 소송목적물의 관계

소송물이란 어떠한 소송물이론이든 막론하고 법적 지위의 주장이지 그 목적물과는 엄연히 구별된다. 풀이해서 「금 천만 원을 지급하라.」에서 금전을 지급받을 지위가 있는지 없는지가 소송물이고 금 천만 원은 소송목적물이다. 하지만 일부청구 긍정설(명시적 일부청구 긍정설을 포함하여)은 소송목적물인 천만 원을 오백만 원씩 2번 나눈다 하여 소송물도 2개로 된다는 결론에 이른다. 즉 소송목적물을 자르면 소송물도 같이 잘리는 것으로 소송목적물과 소송물이 같다는 것이다. 따라서 이러한 결론은 소송물과 소송목적물의 개념에 어긋나는 것으로 된다.

## 7. 소 결

일부청구의 문제에서 명시적 일부청구설은 원고의 입장을 고려해주는 법 정책적인 문제이나 소송물과 소송목적물의 개념의 혼동을 일으킬 수 있고 시효중단·중복제소·과실상계 등 부분에서 소송물의 일관성을 살릴 수 없으니 피고의 응소물인·법원의 소송시원상비·분쟁의 일회적 해결불능 등 문제점이 있게 된다. 하지만 저자가 취하는 주장가능 一肢說의 입장은 소송물의 일관성을 살릴 수 있을뿐더러 상술한 문제점을 제거할 수 있다. 따라서 잔부청구를 인정하지 않고 공평에 확실히 어긋날 경우에만 법 정책적으로 잔부청구를 예외적으로 긍정해 줌이 타당할 것으로 보인다. 또한 과실상계의 문제에서는 외측설이 타당하나 상계의 문제에서는 그러지 아니하는 것이 타당할 것으로 보인다.

## Ⅳ. 손해배상청구의 소송물

손해배상청구소송에서 주로 논의가 되는 것은 1) 하나의 손해사실이 복수의 실체법청구권에 해당될 경우, 2) 하나의 불법행위가 수개의 손해항목을 초래할 경우, 3) 기판력의 표준시 후에 나타난 후유증의 문제, 4) 계속적 불법행위에 대한 소송물의 특정 등 문제들이 있다. 여기서 1)항은 앞에서 논의할 때 이미 구실체법설의 문제로 그 불합리를 다루었기 때문에 여기에서는 재론하지 않기로 한다.

### 1. 하나의 불법행위가 수 개의 손해항목을 초래할 경우

교통사고 등 신체·생명침해로 인한 손해배상청구소송에서 소송물은 전체로서 한 개인가, 피해법익마다 달라지는가, 아니면 이를 몇 개의 그룹으로 나눌 것인가에 관하여 아직 定說이 없다. 그리고 이점에 관한 해답은 소송물에 관한 신·구이론과 논리필연적·일의적인 관련은 없다.[196] 또한 그것은 손해배상청구소송의 소송물의 실천적인 의미의 중요성을 반증하는 것이라고 한다.[197] 우선 이에 관한 학설들을 살펴보고 중국의 경우를 살펴보고자 한다.

### 1) 손해항목세분설

개개의 손해항목마다 소송물이 별개가 된다는 견해이다. 즉 입원비, 치료비, 간호비, 일실임금, 위자료 등 모두가 그 개수만큼 소송물이 된다는 것이다. 이 설에 의하면 소송물의 개수를 가장 많게 보는 견해이다.

### 2) 삼분설

이 견해는 위의 손해항목세분설보다는 소송물의 테두리를 다소 넓게 보는 것으로, 적극적 손해, 소극적 손해, 위자료 등 대항목으로 3분된다는 견해이다.[198] 한국 판례의 입장이다.[199]

### 3) 2분설

재산상의 손해와 정신상의 손해로 2분된다는 설이다. 민법에서 재산상의 손해와 정신적 손해를 청구권으로서 별개의 것으로 구별하고 있기 때문에 이에 맞추어 소송물도 2개로 보아야 한다고 주장한다.[200]

---

196) 정동윤·유병현, 전게서, 251면.
197) 이시윤, "손해배상청구소송의 소송물", 「판례월보」, 101호, 1976, 115면.
198) 상게논문, 118면.
199) 대판 1976. 10. 12, 76 다 1313; 2002. 9. 10, 2002 다 34581.
200) 이시윤, 「소송물에 관한 연구」(육법사, 1977), 118면.

### 4) 손해 1개설

물건손해의 경우에는 피침해 객체마다 소송물이 세분되지만, 생명·신체의 경우에는 생명이나 신체의 침해 자체를 한 개의 비재산적 손해로 보아 한 개의 소송물로 파악할 것이며, 치료비, 일실이익, 위자료 등은 死傷이라는 비재산적 손해를 금전적으로 검토하기 위한 자료에 지나지 않는다는 견해이다.201)

### 5) 소송물 1개설

분쟁 사실 자체를 소송물로 보아야 한다는 견해가 있다. 즉 하나의 불법행위가 여러 개의 손해 항목에 해당된다 하여도 분쟁이 하나이기에 소송물도 하나라고 보는 견해이다.202) 三ヶ月章도 일회적으로 해결할 수 있는 것은 될 수 있는 한 일회적으로 해결하여야 한다는 입장에서 물적 손해이든 위자료든 한 번에 주장해야 한다고 한다.203)

## 2. 중국에서의 손해배상청구의 학설의 정립

### 1) 중국 법률이 손해배상청구에 관한 규정

중국 민법통칙 제119조는 공민의 신체를 침해하여 상해를 입히는 경우, 의료비·일실임금·장애인생활보조비 등 비용을 배상하여야 하고, 사망한 경우에는 장례비·사망자 생전에 부양한 자들에 필요

---

201) 상계논문.
202) 段厚省, 前揭書, 140面.
203) 三ヶ月章, 「民事訴訟法」, 第3版(弘文堂, 平成 5年), 117面.

한 생활비 등 비용을 배상하여야 한다고 규정하였다.

동법 제120조는 공민의 성명권·초상권·명예권·영예권이 침해를 받는 경우, 침해정지·명예회복·영향말소·사과표시를 요구할 권한이 있고 손실·배상을 요구할 수 있다고 규정하였다.

동법 제134조에 의하면 민사책임을 부담하는 방식으로는 주로 침해정지, 방해배제, 위험제거, 재산반환, 원상회복, 수리·복제·교환, 손실배상, 위약금 지불, 영향제거·명예회복, 사과표시 등이 규정되어 있다.

동법 2항은 이상의 민사책임을 부담하는 방식은 단독으로 적용할 수 있고, 병합하여 적용할 수도 있다고 규정하고 있다.

이러한 규정으로부터 볼 때 하나의 교통사고에서 의료비·일실이익·장애인생활보조비 등 여러 개의 금전상 이행항목이 발생할 수도 있고, 명예권의 손해배상청구에서는 금전의 이행과 사과표시를 할 행위의 이행 등 성질이 서로 다른 이행 항목이 발생하게 된다. 이러한 규정들을 살펴보면 여러 개의 청구 항목이 있음을 알 수 있다. 그렇다면 매 손해항목마다 별개의 소송물로 볼 것인가 아니면 하나의 통일적 청구로 볼 것인가? 그리고 어떤 견해를 취하면 원고의 권리를 보장하면서도 피고와 법원의 소송자원을 종합적으로 돌보며 분쟁의 일회적 해결을 꾀할 수 있을 것인가 하는 문제를 해결해야 한다.

### 2) 물건손해의 경우

우선 물건의 손해를 보도록 한다.[204] 하나의 불법행위 사실로부터 여러 개의 물건이 파손되었을 경우, 대체물이 아닌 이상 침해당한 객체마다 별개의 소송물로 되어야 한다고 본다. 침해당한 객체마다 자신의 개성이 있고 구별이 가능하기 때문이다. 또한 별개의 객체에 대한 피해사실의 심판이기에 모순되는 판결이 나올 가능성이 없다.

### 3) 인신손해의 경우

이제 인신손해에 대한 경우를 살펴보도록 한다. 손해항목세분설이나 3분설, 2분설은 모두 아래와 같은 점을 간과하고 있다. 즉 원고가 하나의 절차로 해결할 수 있는 문제를 여러 번 제기할 발판을 만들어 줌으로써 피고나 법원은 이중·삼중으로 시간과 비용의 낭비를 강요받게 된다. 또한 같은 사실관계에 기한 통일적인 청구이면서도 별소를 허용함은 청구의 변경·병합·중복제소·모순되는 판결을 초래할 수 있다. 즉 물건이 별개인 것과 달리 인신손해의 경우는 같은 하나의 인신손해에 대하여 법적으로 여러 가지 청구가능성을 제시한 것에 불과하다. 따라서 인신손해에 대한 판단은 모순되는 판결을 결코 허용하지 않는다.

이렇게 하면 원고의 제소권리를 박탈하는 것이 아닌가 하는 의문을 제기할 수 있다. 하지만 앞에서도 말했다시피 저자의 입장은 원고에게 주장가능성과 심판가능성을 모두 부여했기 때문에 원고가 이를 분리하여 제소하게 되면 피고와 법원의 소송자원의 낭비와 번거로움을 초래하며 원고가 하나의 청구를 여러 개로 분리하여 제소하

---

204) 중국의 段厚省은 물건이던 인신손해든 구분하지 않고 하나의 사실에 기한 것이면 일체 하나의 소송물로 보아야 한다고 한다.

였다 해서 꼭 원고에게 유리한 것만은 아니라고 본다.[205]

중국의 판례[206]도 원고가 여러 손해항목을 별도로 열거하여 각각 금전 지급을 구하였으나 이에 구애됨이 없이 전체적으로 하나의 인신손해에 대한 배상으로 보아 법원의 입장에서 판결을 내리고 있다. 이에 동감을 표한다. 왜냐하면 원고가 바라는 소의 이익은 자기가 청구한 금액의 전부 혹은 최대치이기 때문이다. 그러기에 원고가 세부적으로 나눈 항목은 청구금액을 이유 있게 하는 공격·방어방법으로 보는 것이 타당하다고 생각한다.[207]


# V. 원인채권과 어음채권의 소송물

일정한 원인관계에 의하여 약속어음이 발행된 경우에 실체법상으로는 원인관계에 기한 채권과 어음상의 채권이 경합하는 것으로 되지만 이러한 어음채권이 혼합된 경우에 이행의 소송물을 어떻게 해석할 것인가 하는 문제가 소송물이론의 또 하나의 난제가 되고 있다.[208]


## 1. 통일적으로 별개의 소송물로 보는 견해

---

205) 이에 대한 설명은 이시윤, '손해배상청구소송의 소송물' 20면을 참조.
206) 北京市順義區人民法院民事判決書(2001)順民初字第406號.
207) 불법행위에 의한 손해배상청구사건에 있어서는 이느 통상의 사건과 달리 법관의 후견적 개입에 의한 배상액의 조정기능을 부여하고 있기 때문에 피해자가 全損害항목을 드러내 놓고 일시에 제소하게 하여야 제대로의 기능을 발휘할 수 있게 한다는 것이 이시윤 교수의 견해이다.
208) 三ヶ月章, 前揭書, 119面.

구실체법설은 실체법상의 청구권마다 하나의 소송물로 보기에 어음청구권과 원인관계 청구권은 별개의 청구권이 된다. 二肢說에 의하면, 어음채권발행과 원인관계사실은 별개의 사실관계이므로 역시 별개의 소송물이 된다.

## 2. 통일적으로 하나의 소송물로 보는 견해

비록 어음청구가 원인관계 청구와 절차상의 큰 차이가 있다 할지라도 어음채권에 기한 청구와 원인채권에 기한 청구를 동일소송물로 보아야 한다는 一肢說의 입장이 있다.[209)]

## 3. 통일적으로 보는 견해의 문제점

통일적으로 별개의 소송물로 보는 견해를 따르면, 원고의 이익을 보호하는 측면에서는 긍정할 만하나 소송물의 판단표준이 되는 앞의 세 부분, 즉 청구의 변경·병합·중복제소의 문제에 걸리게 된다. 하지만 통일적으로 하나의 소송물로 보게 되면, 기판력이 범위가 지나치게 커서 완전히 다른 증명책임과 입법취지를 묵살하는 것이 된다. 어떻게 하면 이를 적절히 조화할 수 있을 것인가 하는 것이 문제가 된다.

---

209) 이시윤, 전게서, 217면.

## 4. 문제의 해결방향

1) 어음의 본질·기능에 착안하여 무리 없이 소송물이론을 해결할 방법을 찾아야 한다. 無因채권이라고 하는 것은 경제적으로는 동일한 것을 법률적으로는 異別된 것으로 취급하여 다룰 기초를 제공한 법률적 기술이다. 따라서 구실체법설의 입장은 바로 법률적 이별성의 계기에 중점을 두어 경제적 동일성을 잊은 이론구성을 하고 있는 데 비해 통일적 一肢說은 경제적인 면에 무게중심을 두어 법률적 이별성의 계기를 무시한 듯한 이론구성을 하고 있다. 법률적 이별성과 경제적 동일성 중 하나에만 택일적으로 무게중심을 두는 데는 유사하나 무인채권이라고 하는 법 기술의 진의를 제대로 활용하지 못한다는 비판이 있다.[210]

2) 어음채권에 기하여 청구를 함에 있어서 원인채권을 주장할 필요는 만에 하나도 없다. 왜냐하면 어음채권은 무인채권이기 때문이다. 그러므로 원고의 입장에서는 주장가능성이 없었다는 판단이 가능하게 된다. 또한 어음의 발행인과 원인관계상의 채무자가 동일인이라면 어느 것을 먼저 행사하느냐를 가리는 것은 사실 큰 의미가 없다. 다만 어음채권을 먼저 행사하였는데 원인채권이 시효 등의 사유로 소멸되었다면 채무자는 인적 항변을 함으로써 지급을 거절할 수 있을 것이다. 반대로 원인채권을 먼저 행사한 경우에 채무자는 어음의 반환과 함께 변제하겠다는 동시이행의 항변을 할 수 있다.

---

210) 三ヶ月章, 前揭書, 119面.

어음을 받지 않고 변제를 할 경우, 채권자가 어음을 타인에 양도함으로써 잘못하면 이중으로 변제할 위험에 빠질 수도 있기 때문이다.211) 전자의 경우, 원인채권의 시효소멸이 이루어지지 않고 어음청구에서 패소하였을 때에 원고의 원인채권에 기한 제소를 인정해야 한다. 후자의 경우, 원인관계 청구소송에서 패소하여도 어음채권은 원인채권과의 연결이 차단된 것이기 때문에 후소에서 제소할 수 있어야 한다.

3) 종합하여 보면, 통일적 별개설은 청구의 변경·병합·중복제소에서 문제가 있고 통일적 동일설은 기판력이 지나치게 넓은 문제가 있다. 이에 대하여 제일 타당한 대책은 분쟁의 일회적 해결을 꾀하면서 선택을 원고에게 맡기는 것이다. 즉 원고가 하나의 소송절차에서 원인관계와 어음관계에 기한 청구를 함께 제출하면 하나의 소송물로 보고 그중 하나가 소송 계속 중일 때 다른 하나를 후소로 제출하면 중복제소에 해당한다고 봄이 마땅하다. 하지만 원고가 그중 하나만 주장하여 패소하면 다른 하나에는 기판력이 미치지 않도록 해야 한다. 이렇게 해야만 청구의 변경·병합절차의 번거로움과 중복제소로 인한 모순된 재판을 피할 수 있으면서도 경제적 목적인 어음금 청구의 법률적 기술의 妙도 살릴 수 있다고 본다.

---

211) 고해진, "어음채권의 시효소멸과 이득상환청구권", 「월간 경영법무」, 9월호(2000), 33면.

# 제2절 확인의 소에서의 소송물

확인의 소는 국민들의 준법정신이 상당한 수준에 이르러서야 인정된 것이다. 현행 중국 민사소송법은 확인의 소에 대한 통일적인 규정이 없다.[212] '수정 건의고'에도 확인의 소에 대한 별도의 규정이 없다. 하지만 중국의 학술계와 실무진은 모두 확인의 소의 존재를 인정하고 있으므로 확인의 소의 소송물을 연구해 둘 필요가 있다.

## I. 정 의

확인소송의 소송목적은 일정한 내용의 권리 또는 법률관계의 존부를 확정함으로써 원고의 법적 지위의 불안 제거에 있으므로 그 소송물은 일정한 내용의 권리 또는 법률관계의 존부확정의 주장이다.[213]

---

212) 독일 민사소송법 제256조 1항은 아래와 같이 규정하고 있다. 권리관계의 존재 또는 부존재의 확인, 나아가 증서의 진정 또는 부진정의 확인을 구하는 소는 원고가, 재판관의 재판에 의하여 권리관계 나아가 증서의 존재 또는 부존재를 즉시에 확정할 수 있는 것에 한하여 소를 제기힐 수 있다고 한다. 한국 민사소송법은 제264조에 중간확인의 소, 제250조에 증서의 진정여부를 확인하는 소를 법적으로 규정하고 있다.
213) 이시윤, 전계논문, 196면; 段厚省, 前揭書, 147面; 정동윤·유병현, 전게서, 246면.

## Ⅱ. 확인의 소의 소송물의 특정

### 1. 확인의 소의 소송물의 특정에 관한 일반견해

확인의 소의 소송물의 식별표준은 실체법설과 소송법설에 구애됨이 없이 주로 아래의 세 가지 견해로 나누어진다.

1) 통설적인 위치를 차지하고 있는 학설로서 청구취지만으로 소송물이 특정된다는 일원설[214]
2) 청구취지와 사실관계로 소송물이 특정된다는 이원설[215]
3) 절대권과 상대권으로 나누어 절대권의 경우에는 일원설을 취하고 상대권일 경우에는 이원설을 취하는 절충설

### 2. 저자의 입장

저자가 취하고 있는 입장은 주장가능 一肢說이다. 즉 원고가 자신의 청구를 뒷받침하는 모든 사실관계와 법적 이유를 제출할 수 있는 경우에는 후소가 전소에 의해 차단된다는 것이다. 확인의 소에서도 다를 바 없다. 확인소송의 소송물도 원고의 청구취지로만, 즉 권리의 대상과 내용의 특정만으로 확정이 되는 것이며 기판력의 범위에서 원고가 청구취지를 뒷받침할 수 있는 모든 사실관계와 법적 이유를

---

214) 정동윤·유병현, 상계서, 247면; 이시윤, 전게논문, 196면.
215) 호문혁, 전게서, 130면.

제출할 수 있었는가를 판단해 보아야 한다. 만약 원고가 확인의 소를 구하면서 제출할 수 있었던 사실관계였다면 기판력의 차단을 받고 그러지 아니하면 기판력의 차단을 받지 않는다.

## Ⅲ. 절충설에 대한 분석

절대권과 상대권을 나누어 절대권의 경우에는 일원설을 따르고 상대권이 확인의 대상일 경우에는 이원설을 따르는 절충설의 주요근거는 절대권이 확인의 경우, 동일한 물건에 같은 내용의 권리가 여러 개 성립할 여지가 없으므로 그 권리의 취득원인이 다르다고 하여 권리가 달라지는 것이 아니다. 그리고 상대권의 경우 동일한 물건에 서로 다른 내용의 권리가 존재하기 때문에 이 경우에는 일원설로 보자는 것이다.

### 1. 절대권일 경우에 대한 분석

절대권의 경우에 일원설을 취하는 견해는 실체법상의 절대권과 소송법상의 절대권의 확정을 혼동하고 있다. 왜냐하면 실체법상의 절대권은 당연히 모든 사람에 대하여 효력이 있으나 소송법상의 절대권의 확인은 단지 소송대상에만 설내권의 확인을 구하기 때문이다. 예를 들어 A와 B가 공농으로 훔친 C의 사전서의 소유권을 놓고 A가 B를 피고로 법원에 자전거의 소유권을 주장할 경우 법원은 훔친 사실을 모르기에 A의 승소판결 혹은 패소판결을 내려야 한다. 즉 실체법의 소유권을 완전히 떠나 이때는 A·B와 법원 세 주체가 주관적으로 판단을 진행하기 때문에 설사 소송주체가 진정한 소유권이 없다 해도 판결로 소유권을 인정해 주는 결론에 이르게 된다. 이것은 절대권의 동일한 물건에 같은 내용의 권리 즉 소유권이 존재할 수 없다는 것을 보기 좋게 반박한다. 즉 A가 B를 상대로 진행한 소송은 둘 사이에만 효력이 있을 뿐 대세효가 있는 것은 아니기 때문이다. 이로부터 볼 때 실체법상의 절대권의 이해로 소송법상에서 절대권일 경우에는 청구취지로만 결정된다고 하는 견해는 타당하지 않다.

상술한 경우뿐만 아니라 자전거의 소유권 확인을 구하는 소에서 전소에서 매매사실에 기한 소유권 확인의 소를 구했는데 패소했다고 해서 결코 소유권이 피고한테 있다고 단정할 수는 없다. 왜냐하면 원고는 취득시효의 사실에 기해서도 소유권의 확인을 받을 수 있기 때문이다.

## 2. 상대권일 경우에 대한 분석

상대적인 권리관계인 경우를 본다. 이 경우 절충설에 의하면 권리발생 원인이 여러 개임에 따라 채권의 확인도 여러 개일 수 있다는 입장이다. 일회의 청구권의 행사이면서도 사실관계가 다름에 따라 여러 번의 청구권의 확인이 가능하다는 말이다. 예를 들어, 소비사실에 기한 채권의 확인과 매매계약에 기한 금액청구권의 채권은 부동한 사실에 기한 것이기 때문에 두 번의 채권확인청구를 할 수 있다는 것이다. 더 나아가 말하면 이러한 두 번의 확인된 채권에 대하여 원고는 동일한 금액의 청구이면서도 두 번 제소하여 두 개의 이행을 받을 수 있다는 결론에 이르게 된다. 이러한 이유로 二肢說을 취하는 학자들도 대부분 확인의 소에서는 입장을 고쳐 청구취지만으로 소송물을 확정한다.

## Ⅳ. 일원설을 취하는 二肢說에 대한 분석

이행의 소와 형성의 소에서는 청구와 사실관계에 의하여 소송물을 특정하지만 확인의 소에서는 청구만으로 소송물을 특정하는 견해이다. 이런 견해를 이행의 소와 결부시켜 관찰해 보면 二肢說에서 청구취지로만 소송물을 특정하는 데 문제점이 있음을 발견할 수 있다. 이행의 소는 특정한 이행청구권의 존재를 주장하여 그 확인과 이에 기한 이행을 명하는 판결을 구하는 소이다.[216] 이로부터 볼 때 일정한 내용의 권리 또는 법률관계의 존부를 확인하는 것을 개념으로 하는 확인의 소는 모든 이행의 소의 절차 중에 포함되어 있다. 즉 이행의 소는 법률관계의 존부에 대한 확인을 거친 후 이행절차를 한 겹 더해서 법원에 청구한 것에 그친다. 따라서 이행의 소는 청구와 사실관계에 의하여 특정되고 확인의 소는 청구에 의해서만 특정된다는 것은 이론상 모순된다.

예를 하나 들어 보고자 한다. 시효취득사실과 증여사실관계에 의한 사선서 소유권의 확인을 구하는 소를 보도록 한다. 만약 이 경우

---

216) 정동윤·유병현, 전게서, 59면.

를 자전거 인도청구를 하는 이행의 소에서 보게 되면 두 개의 소송물이 된다. 하지만 二肢說을 취하면서도 일원설을 취하는 확인의 소의 입장에서 보게 되면 하나의 소송물, 즉 통일된 하나의 소유권 확인이 된다. 같은 자전거 인도청구권의 확인이면서도 이행의 소에서는 두 개의 권리가 되고 확인의 소에서는 하나의 권리로 된다는 것은 납득하기 어렵다. 왜냐하면 이런 경우에 확인의 소와 이행의 소의 구별은 단지 소유권이 있는지 여부에 대하여 확인을 한 후 이행이란 행위를 더 하는 것에 지나지 않기 때문이다. 이행의 소의 절차에서는 두 개의 자전거 소유권이 확인되고 확인의 소에서는 하나의 자전거 소유권으로 줄어든다는 것으로 풀이되기 때문이다. 하지만 본고의 입장을 취할 경우, 이행의 소이든 확인의 소이든 청구취지로만 소송물을 특정하기 때문에 이런 모순이 존재하지 않는다.

아래의 도표로 이 문제를 살펴보도록 한다.

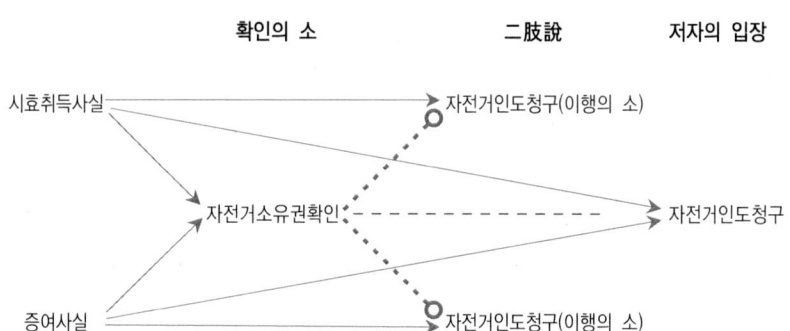

도표에서 보는 바와 같이 청구취지로만 소송물을 특정하게 되면 자전거 소유권의 확인을 거친 후 자전거의 인도의 이행을 구하는 것은 모두 일치하게 하나로 맞물린다. 하지만 二肢說의 경우 원래 같은 사실관계는 확인에서 이행까지 모순이 없이 일관되어야 하나 그러지 못하고 이행의 소에서는 두 개의 소유권이 확인되고 확인의 소에서는 하나의 소유권이 확인이 되는 것이다.

본고의 입장을 취하면 소송물의 일관성을 유지하고 청구의 변경·병합·중복제소의 문제를 피할 수 있을 뿐만 아니라 주장가능 一肢說의 견지에서 확인의 소를 제기할 당시 주장가능성이 없었던 사실은 기판력의 차단을 받지 않으므로 호문혁 교수가 걱정하는 기판력의 지나치게 넓은 문제로 인하여 「작은 악」들이 방치됨으로써 개개인이 피해를 입는 일이 있어서는 아니 되리라는 문제도 해결이 된다.[217]


# 제3절 형성의 소의 소송물


## Ⅰ. 정  의

형성의 소는 일정한 법률관계의 변동(발생·변경·소멸)을 일으키

---

217) 호문혁, "확인소송에 있어서의 소송물 특정", 「월간고시」, 통권 156권 (1987), 22면.

는 것을 목적으로 하는 소이다.


## Ⅱ. 형성의 소의 소송물의 특정

### 1. 형성의 소의 소송물의 특정에 관한 이론

형성의 소는 개개의 형성원인에 의하여 소송물이 별개로 된다는 입장과 신청과 사실관계에 의하여 형성의 소의 소송물이 특정된다는 견해 및 청구취지에 표시된 법률관계의 형성을 구할 수 있는 법적 지위의 주장이 소송물이라는 견해가 있다. 신청과 사실관계에 의해 판단할 때 사실관계를 좁게 보면 개개의 형성사유로 볼 수 있어 형성원인과 같게 될 것이고 사실관계를 넓게 보면 기판력을 제외하고는 본고의 입장과 같게 된다.

### 2. 저자의 입장

저자가 취하는 주장가능 一肢說에 의하면 형성의 소의 소송물은 신청에 의해서만 특정되며 개개의 형성원인(사실관계)은 공격·방어방법으로 될 뿐이고 소송물의 요소는 되지 않는다. 하지만 기판력의 문제에 있어서 주장가능성이 없었던 공격·방어방법인 사실관계는 후소에서 제기할 수 있어야 한다. 이렇게 되면 같은 법률관계의 변동을 구하면서 개개의 형성사유에 의하여 소송물이 달라짐으로써 비롯되는 청구의 변경·병합·중복제소의 문제를 해결할 수 있으면서 기판력의 문제에서는 주장가능성이 없었던 사실관계를 들어 후소를 제기할 수 있으므로 원고의 권리구제가 가능하게 되는 것이다.

## Ⅲ. 혼인무효 청구의 소송물

### 1. 중국의 혼인무효 청구의 소송물

중국의 혼인무효 청구의 소를 보도록 한다. 비록 외관상 혼인무효의 확인의 소이지만, 기존의 혼인관계를 무효로 소멸시키는 변동의 결과를 가져오므로 형성의 소로 풀이함이 맞다. 확인의 소의 취지는 법률관계 또는 권리의 존부에 대한 확인이지만, 혼인무효 혹은 계약의 무효는 혼인 및 계약의 존부에 대한 판단이 아니라 이미 존재하는 혼인 혹은 계약에 대한 소멸, 즉 변동을 구하는 소이기 때문이다.[218]

중국혼인법 제10조는 아래와 같은 무효규정을 두고 있다. 1) 중혼한 경우, 2) 금지사항에 해당하는 친속관계에 있는 경우, 3) 혼인 전에 의학상에 결혼을 해서는 안 될 질병이 있었고, 혼인 후에도 치유되지 않았을 경우, 4) 법적 혼인 연령 미만일 경우가 있다.[219] 그 이

---

218) 중국의 통설은 혼인무효의 소를 확인의 소로 보고 있다. 즉 청구취지에 '혼인무효의 확인을 구한다.'고 표시하기 때문이다. 江偉, 「民事訴訟法」(中國人民大學出版社. 2005), 47面; 段厚省, 前揭書, 152面.

219) 한국 민법에 규정한 혼인무효 요건에는 중혼의 경우가 없지만 중국에

유인즉 한국은 호적법 및 전산화에 의한 제도에 힘입어 중혼의 사실을 쉽게 알 수 있지만, 중국에서는 아직까지 법제도와 전산화의 미완비로 혼인 신고에만 의하여 결혼이 이루어지고 있다. 즉 중혼을 하여도 사실상 파악이 쉽지 않기 때문에 이를 막기 위하여 혼인법으로 중혼을 혼인무효의 사항으로 규정하고 있는 것이다.

중국의 이런 입법하에서 예를 들어, 원고가 1)항의 사실은 전혀 모르고 3)항에만 의하여 혼인무효의 소를 제기하였다가 패소한 경우 청구취지에만 의하여 소송물을 확정하게 되면 패소한 후에 다시 1)항의 사실관계를 들어 소를 제기할 수 없게 된다. 이것은 우리가 취하고 있는 주장가능 一肢說에 반한다.[220] 왜냐하면 본고의 입장은 분쟁의 일회적 해결을 꾀하면서도 원고의 주장가능성도 살펴야 하기 때문이다. 상술한 경우에 원고는 피고가 중혼한 사실관계에 참여하지 않았기 때문에 1)항의 사유를 전혀 모를 수도 있다. 또한 중국같이 넓은 지역에서 西藏자치구에서 이미 결혼을 한 자가 云南省에서 중혼을 하는 것은 완전히 가능하며 원고가 제소 당시 피고의 중혼사실을 모를 가능성도 충분히 있기 때문이다. 그러므로 이런 경우에는 확정판결이 날 때까지는 청구취지 하나만으로 소송물이 확정되나 주장가능성이 없었던 중혼사실에까지 기판력이 미치는 것은 원고에게 가혹할 뿐만 아니라 권리를 완전히 박탈하는 것이 되기 때문에 차단되어야 한다. 즉 이런 경우에도 본고의 입장을 취함이 一肢說이나

---

는 있다.

220) 二肢說을 취하는 입장에서도 사회적으로 하나의 생활사실관계로 취급하게 되면 一肢說과 같은 문제가 발생한다. 따라서 이런 경우에 一肢說과 二肢說의 합치를 보고 있다.

생활사실관계로 넓게 보는 二肢說보다 타당하다고 할 수 있다.

## 2. 혼인 취소·무효·이혼의 관계

혼인무효의 소에서 한 걸음 더 나아가 혼인의 취소·무효·이혼의 관계를 살펴보도록 한다. 이 세 가지 관계를 혼인법에 복잡하게 규정하고 있지만, 실은 모두 혼인의 관계를 소멸하려는 데 목적이 있다. 또한 입법기술의 차이로, 중혼은 중국 혼인법에서 혼인무효사유와 이혼사유에 해당하지만 한국에서는 혼인취소사유에 해당한다. 어느 입법이 타당한지에 대해서는 別論하고 중혼의 사유가 혼인 소멸의 원인이 되는 것은 명백하다. 즉 동일한 혼인 소멸의 목적을 위한 것을 법적으로 세분화한 것이다. 이런 규정은 실체법상으로는 긍정할 부분이 있을는지 몰라도 분쟁의 해결을 위한 소송절차에서는 오히려 당사자를 미궁에 빠뜨린다. 비일비재로 일어나는 혼인 소멸을 목적으로 한 소송은 변호사 강제제도를 실시하지 않는 중국에서는 당사자가 직접 혼인소송을 함이 보통이다. 하지만 취소사유에 해당하는 사실임에도 불구하고 당사자가 혼인의 소멸의 청구는 이혼으로 하는 경우가 많이 있게 된다. 이럴 경우, 완전히 원고의 청구취지에 적힌 대로 경직되게 판단하면 결과적으로 당사자가 보기엔 간단한 혼인 소멸의 소이지만 법적기술의 복잡성으로 인하여 당사자는 보기 좋게 패소할 것이고 취소소송의 단기시효[221]로 인하여 추소를 제기할 수도 없게 된다. 이런 법적 기술로 인하여 당사자의 권익을

---

221) 중국혼인법 제11조에 의하면 취소소송의 시효는 1년이다.

해칠 수 있을 때에는 법원의 적절한 석명권 행사가 필요한 시점이라 하겠다. 이런 석명권의 행사가 바로 '법률은 법원이 안다.'는 격언을 구현한 것이 아닌가 한다. 즉 협박으로 인한 사유를 이혼청구로 청구취지를 확정했으나 이혼의 사유가 아니라 혼인취소의 사유에 해당한다면 석명권을 행사하여 당사자에 청구의 변경여부를 결정하도록 해야 함이 마땅하다.[222] 이러한 경우에 一肢說을 취할 경우 법원의 후견적 기능을 발휘하는 것이라고 생각한다.


## Ⅳ. 중국 개정 회사법에 따른 결의무효 또는 취소에 관한 소송물


2006년 1월 1일부터 시행된 개정 중국회사법[223]은 결의무효와 결의취소의 소에 대하여 다음과 같이 규정하고 있다. 주주회의 또는 주주대회[224], 이사회의 결의 내용이 법률·행정법규에 위반할 경우

---

222) 이런 경우에 청구의 변경이 아니라 이혼소송과 취소소송은 모두 혼인 관계를 장래에 소멸시키는 법적 효과이기 때문에 동일한 소송물로 보자는 글로벌한 一肢說의 견해가 있다. 하지만 청구취지로 소송물을 결정할 경우에 청구에 체현되지 않은 공격·방어 방법도 아닌 다른 법적 이유를 들어 이혼을 구하는 청구에 취소판결이 나온다는 것은 수미가 다르게 된다. 적절한 석명권의 행사를 통하여 해결할 수 있는 문제이다.

223) 개정 전 중국회사법에는 결의 무효, 결의 취소에 관한 규정이 없었다. 하지만 개정법에서도 한국의 규정(상법 제380조)과 달리 결의부존재확인의 소는 규정하고 있지 않다.

224) 중국회사법상 사원총회는 '주주회'라 하고, 주주총회는 '주주대회'라

에는 무효이다. 주주회 또는 주주대회, 이사회의 소집절차 또는 의결 방법이 법률·행정법규[225] 또는 정관에 위반할 경우에 주주[226]는 결의를 한 날로부터 60일 내에 결의 취소의 소를 제기할 수 있다. 회사가 주주회 또는 주주대회, 이사회의 결의에 의하여 변경등기를 마친 후에 법원의 결의무효 또는 결의취소 판결을 하면 회사는 회사등기기관에 변경등기의 취소신청을 해야 한다.

상기 규정으로부터 볼 때 결의 무효의 소와 결의 취소의 소는 동일한 결과를 가져옴을 알 수 있다. 즉 당사자가 결의 무효의 소를 제기하든 결의 취소의 소를 제기하든 목적은 모두 결의의 효력을 소멸하려는 데 있다. 따라서 결의를 하는 사실관계에서 발생한 하자는 절차상의 하자이든 내용상의 하자이든 결국 법률기술상의 문제로 당사자를 구속하여서는 아니 된다. 이런 경우에 원고가 절차상의 하자로 결의 무효의 소를 구할 경우 법원은 석명권을 행사하여 취소의 소를 구하도록 소송절차를 이끌어 가야 함이 타당하다. 입법취지를 보아도 무효의 소와 취소의 소를 한 개 조항에 규정함으로써 일거에 해결함을 구하려고 하는 취지이다. 아울러 법원의 후견적 기능을 발휘할 경우가 이런 경우라고 생각한다.

---

힌다.
225) 중국에서 밀하는 행정법규는 최고행정기관 즉 국무원에서 제정한 헌법·법률을 기준으로 제정한 행정법률 규범을 지칭한다.
226) 한국의 법 규정과 달리 이사와 감사는 제소권이 없음을 볼 수 있다.

# 제4절 상소심에서의 소송물

## I. 상소[227])의 정의

상소라 함은 제1심 절차의 종국판결·裁定[228])에 대하여 상급심법원에 원심판결·裁定에 대한 취소나 변경을 구하는 소를 말한다. 따라서 중국에서 상소의 소송물은 종국판결에 대한 청구와 裁定에 대한 청구 두 가지 경우로 나누어 살펴보아야 한다.

## II. 裁定에 대한 상소심의 소송물

원심의 裁定에 대한 상소의 청구취지는 1) 1심의 不予受理[229])의

---

227) 현행 중국 민사소송법은 2심종심제이므로 당사자는 한 번의 상소기회밖에 없다. 따라서 3심제를 시행하는 한국처럼 항소와 상고로 나누어지지 않는다. 또한 전술한 수정건의고에서도 3심제의 채택을 권장하고 있으나 항소·상고로 나눈 것이 아니라 제2심 절차, 제3심 절차로 표현하고 있고 용어는 모두 上訴로 한다. 항소는 중국에서 검찰이 소송권능을 수행할 경우에 사용하는 용어이기 때문에 본고에서는 항소라 하지 않고 통일적으로 상소라 한다.

228) 중국 민사소송법의 개념을 살펴보면 판결은 실체법에 관한 것이고 裁定은 소송절차에 관한 것이므로 한국의 결정·명령과 비슷한 개념으로 볼 수도 있지만 효력 등 면에서의 차이는 있다. 하지만 裁定으로 내린 판결에 대해 전부 상소할 수 있는 것이 아니라 不予受理, 각하, 관할권의의에 대한 裁定만 상소를 제기할 수 있다.

재판의 취소와 사건의 접수를 구하는 것, 2) 관할권이의에 대한 1심 재판의 부정 재판의 취소와 관할권이의의 인용을 구하는 것, 3) 1심의 각하 재판에 대하여 각하 재판의 취소와 사건의 심리를 구하는 것이다. 보다시피 중국 민사소송법에서 규정한 裁定에 대한 소송물은 취소청구와 원 재판의 반대청구[230] 인용이다. 즉 형성의 소[231]로 분류할 수 있다.

이 경우 소송물은 실체법률을 완전히 벗어난 순전한 소송절차의 소송물로 되는 것이다. 어떻든 재정에 대한 상소의 소송물은 청구의 취지로만 확정이 된다.[232]


## Ⅲ. 판결에 대한 상소의 소송물

판결에 대한 상소의 이유는 사실문제이든 법률문제이든 상관이 없다. 아래에 원고가 상소를 제기할 경우와 피고가 상소를 제기할 경우를 나누어 상소심의 소송물을 다루어 본다.

---

229) 한국의 각하와 비슷한 개념이다.
230) 1심법원이 사건을 수리하여야 한다는 청구를 말한다.
231) 넓은 의미에서의 형성의 소이지만, 상대효만 있을 뿐이다.
232) 소송물을 단지 본인 소송 즉 실체권리에 대한 판단대상으로만 본다면 재정에 대한 법원의 판단은 소송물이 아닐지도 모른다. 하지만 법원의 심판대상은 좁은 의미에서의 실체권리에 대한 판단뿐만 아니라 넓은 의미에서 소송절차에 대한 법원의 판단도 포함한다고 보는 것이 본고의 견해이다.

## 1. 원고가 상소할 경우

원고가 상소할 경우의 소송물은 1심판결에 대한 불복부분이다. 전부의 불복이든 일부의 불복이든 중요하지 않다. 청구취지는 1심판결의 취소 및 상소에서의 청구이다. 즉 청구취지는 1심판결의 전부취소·1심청구취지의 전부인용 혹은 1심판결의 부분적 취소·1심판결의 부분적 인용이다. 여기서 외관적으로 청구취지가 두 개이므로 소송물이 두 개로 보일 수도 있지만 裁定의 소의 소송물과는 달리 1심판결의 취소·부분취소는 독립적인 소송물이 아니다. 즉 원고가 단지 1심판결의 취소·부분취소만 구하는 것은 피고가 1심판결의 취소·부분취소를 구하는 것과는 달리 소의 이익이 없다. 즉 이것은 원고의 원래의 소의 이익에 대한 주장이 하나도 표현되지 않았기 때문이다. 그러므로 1심판결의 취소·부분취소는 단지 뒤의 1심청구의 전부·혹은 부분에 대한 인용청구의 선결문제에 지나지 않는다. 따라서 원고가 상소할 경우 소송물은 역시 하나이며 원심의 소송물과 동일하다고 볼 수 있다.

## 2. 피고가 상소할 경우

피고가 상소할 경우의 청구취지는 1심판결의 취소 혹은 부분적 취소이다. 이 경우에는 피고는 단독적인 소의 이익이 있다. 따라서 이 경우에도 피고의 청구취지는 하나이다. 문제는 상소심에서의 재판의 대상은 원심의 원고의 취지, 즉 소송물의 당부에 대한 판단이므로 형식상의 소송물이 피고의 취소신청인 것처럼 보이지만 본질상의 소송물은 원심과 같다고 볼 수 있다는 것이다.

### 3. 새로운 사실관계의 제출

상소심에서 소송물을 확정할 경우 새로운 사실관계를 제출하여도 본고의 입장에 의하면 공격·방어방법에 불과하기 때문에 청구의 교환적 변경이나 추가적 변경이 아니고 원심의 소송물이 그대로 유지된다.


# 제5절 재심의 소에서의 소송물


## Ⅰ. 재심의 정의

통상적인 의미에서의 재심이라 함은 확정된 종국판결에 중대한 흠이 있는 경우에 판결을 한 법원에 대하여 그 판결의 취소와 사건의 재심판결을 구하는 비상의 불복신청방법을 말한다.[233]

중국에서의 재심은 통상적인 의미와 달리 심판감독절차라고 한다.

---

233) 정동윤·유병현, 전게서, 818면.

내용은 인민법원, 인민검찰원 혹은 당사자가 기판력이 발생한 판결·재정 및 調解협의234)에 명백한 착오가 있어 제기하거나 재심을 신청하는 것을 말한다.235) 보다시피 중국은 재심을 제기할 수 있는 주체가 통상적인 경우보다 많고 재심의 대상도 풍부하다. 즉 판결·재정·조해협의에 대하여 모두 재심의 소를 제기할 수 있다. 그리고 법원과 검찰, 당사자가 재심을 제기함에 있어서의 재심사유도 통일적이 아니라 큰 구별이 있다.236)

---

234) 한국의 소송상 화해와 비슷한 개념이다.
235) 민사소송법 수정건의고에서는 법원이 재심절차를 제기할 수 있는 권한을 삭제하였다. 하지만 개정 민사소송법은 이러한 제안을 수렴하지 않았다.
236) 중국민사소송법 제177조: 각급 인민법원장은 본 법원에 의해 법률효력이 발생한 판결·재정에 대하여 확실한 착오를 발견하고, 재심이 필요하다고 인정한 경우, 심판위원회에 회부하여 토론 결정해야 한다. 최고인민법원이 각 급 지방인민법원에 의해 법률효력이 발생한 판결·재정에 대하여, 또는 상급인민법원이 하급인민법원에 의해 법률효력이 발생한 판결·재정에 대하여 확실한 착오를 발견한 경우, 재판을 하거나 또는 하급인민법원에 재심을 하도록 명령할 권리가 있다.
제179조: 당사자의 신청이 아래 사항에 부합한 경우, 인민법원은 재심을 해야 한다.
① 원 판결·재정을 번복하기 충분한 새로운 증거가 있는 경우 ② 원 판결·재정에서 인정된 기본사실에 대한 증거가 결핍된 경우 ③ 원 판결·재정의 사실인정에 사용된 증거가 허위증거인 경우 ④ 원 판결·재정의 사실인정에 사용된 증거가 대질(質証)절차를 거치지 않은 경우 ⑤ 심리에 필요한 증거에 대하여 당사자가 객관적인 이유로 수집하지 못하여 법원에 서면으로 수집신청을 하였으나 법원에서 조사·수집하지 않은 경우 ⑥ 원 판결·재정에 법률적용상의 착오가 있는 경우 ⑦ 법률규정을 위반하고 관할권에 대한 착오가 있는 경우 ⑧ 재판부의 구성이 합법적이 아니거나 회피1)할 법관이 회피하지 않은 경우 ⑨ 소송무능력자를 위한 법정대리인의 소송대리가 없거나 소송에 참가해야 할 당사자가 본인이나 그 소송대리인의 귀책사유가 아닌 이유로

## Ⅱ. 재심의 소의 소송물에 관한 학설

### 1. 二元說(소송상의 형성소송설)

재심의 소의 소송물은 확정판결의 취소요구와 구소송의 소송물 두 가지로 구성된다고 보는 견해이다. 이것은 종래의 통설이다.[237] 그리고 확정판결의 취소사유인 재심사유가 소송물의 동일성을 여부를 가리는 기준이냐에 따라서 구송물이론과 二肢說은 개개의 재심사유마다 소송물이 별개라고 보고 一肢說은 재심사유는 공격·방어방법에 지나지 않지만 알지 못하여 주장하지 않았던 재심사유를 바탕으로 새로운 소의 제기는 가능하나고 한다.[238]

---

소송에 참가하지 못한 경우 ⑩ 법률의 규정을 위반하여 당사자의 변론권리를 박탈한 경우 ⑪ 소환장이 없이 결석판결을 한 경우 ⑫ 원판결·재정이 소송청구를 누락하거나 초과할 경우 ⑬ 원 판결·재정의 기초가 된 법률문서가 취소되거나 변경된 경우이다.

이외에도 법정절차를 위반하여 사건의 정확한 판결·재정에 영향을 미칠 가능성이 있는 경우 혹은 심판인원이 당해 사건을 심리할 경우에 횡령·시리시욕·수뢰·법을 무시한 재판행위가 있는 경우에도 인민법원은 재심해야 한다.

제187조 최고인민검찰원은 각급 인민법원의 효력을 발생한 판결·재정에 대하여, 상급인민법원은 하급인민법원의 효력을 발생한 판결·재정에 대하여 본법 제179조에 규정한 사유 중 하나에 해당하는 경우 항소해야 한다. 지방 각급 인민검찰원은 농급 인민법원의 효력을 발생한 판결·재정에 대히어 본법 제179조가 규정한 사유 중의 하나에 해당하는 경우 상급인민검찰원에 동급인민법원에 항소할 것을 요구해야 한다.

237) 호문혁, 전게서, 861면; 이시윤, 전게서, 763면; 김홍규, 전게서, 764면.
238) 김홍규, 상계서, 764면.

## 2. 一元說(本案訴訟說)

재심의 소의 소송물은 구소송의 소송물이라는 견해이다.[239] 즉 상소의 경우와 마찬가지로 구 소송의 소송물만이 재심소송의 소송물이라는 것이다. 일원설의 주요논거는 재심사유의 존재 여부에 대하여 다툼이 있을 때 일부판결을 하지 않는 점, 재심의 소를 제기하는 경우에는 재심원고가 소송능력 또는 당사자능력을 갖출 것이 요구되지 않는 점 등을 예로 들고 있다.[240] 일원설이 타당하다고 생각되며 아래에 구체적으로 살펴본다.


# Ⅲ. 검찰 혹은 법원이 재심절차를 개시할 경우의 소송물

## 1. 법원이 재심절차를 개시할 경우의 소송물

법원이 재심절차를 개시함에 있어서는 구체적인 재심사유가 없이 확정판결에 명확한 착오가 있다는 주관적 판단에 의한다. 따라서 재심절차의 개시를 결정할 때 당사자에 참가통지를 하나 당사자가 참여하지 않아도 법원은 직접 재심의 개시, 즉 구소송의 소송물을 직접 심리할 수 있다. 즉 절차는 구판결에 대한 취소절차는 불필요한

---

239) 이와 반대로 원판결의 취소요구만이 소송물이고 하는 소송물일원설이 있지만 원판결의 취소에 대하여 독립적인 판결을 하지 않는 점에 비추어 타당하지 않다고 생각한다.

240) 정동윤·유병현, 전게서, 820면.

것이고 하나의 소송물인 구소송물이 된다. 법원이 재심절차를 개시하는 것이 사적인 분쟁해결인 민사소송에서 부당하다는 견해가 비일비재하기 때문에 법원의 재심절차 개시 권능은 취소되어야 할 부분이다. 결국 이 경우에는 소송물은 하나이다.

## 2. 검찰이 재심의 소를 제기할 경우의 소송물

검찰이 재심의 소를 제기할 경우 법원은 재심사유를 조사하여 이유가 있을 때 구소송물에 대하여 재심을 하는 것이 아니라 직접 구소송물에 대한 심리를 진행한다. 왜냐하면 중국 민사소송법에서 검찰이 재심의 소를 제기하는 것은 법원이 법률판단이나 사실판단이 잘못되었음을 감독하는 입장에서 진행하는 것이기 때문에 법원은 피감독자의 입장에 서게 되므로 재심사유의 심사는 당연히 할 저지가 아니고 직접 구소송물의 본안 심리에 들어가게 된다. 따라서 검찰이 재심의 소를 제기하는 경우도 소송물은 하나이다. 즉 구소송물이 재심의 소의 소송물이 되는 것이다.[241]

---

241) 수정건의고는 검찰이 재심의 소제기 권리의 남용을 우려하여 당사자가 재심의 소가 긱하하였을 경우에 검질해 재심의 제기신청을 할 성우에만 검찰의 재심의 소를 제기할 수 있도록 하였다. 또한 재심의 소를 제는 감독형으로부터 구제형으로 전환해야 한다는 견해도 유력하게 대두되고 있다. 王文杰, 申衛星, 朱德芳, 「月旦民商法研究」(淸華大學出版社. 2005), 88面.

# Ⅳ. 당사자가 재심의 소를 제기할 경우의 소송물

당사자가 재심의 소를 제기할 경우에는 법원의 재심의 개시와 검찰의 재심의 제기와 달리 재심사유를 심사하여 재심의 사유에 대하여 심리를 하여야 한다. 하지만 결코 중간판결로 할 수는 없으며 단지 이유가 있다고 인정할 경우에 구소송물에 대한 본안 심리를 진행하는 것이다.242) 결국 재심의 소와 상소의 소는 소송물에 관한 점에서 모두 일정한 사유를 들어 원판결(상소는 1심종국판결, 재심은 확정판결)에 대한 취소·부분취소와 원판결의 소송물의 전부·혹은 부분에 대한 판단을 구하는 것이다. 또한 상소심에서 1심판결의 취소·부분취소만으로는 독립적인 소의 이익이 없는 것처럼 재심도 단지 확정판결의 취소·부분취소만은 소의 이익이 없고 구소송물에 대한 새로운 판결이야말로 진정한 소송물이 되는 것이다.

당사자가 재심을 제기할 경우 재심사유를 어떻게 볼 것인가에 대하여 저자가 취하는 주장가능 一肢說에 의하면 재심의 소의 변론종결 전까지 제출할 수 있었던 재심사유는 기판력의 차단을 받으나 그러지 아니한 경우는 기판력의 차단을 받지 않고 후소로 제기할 수 있어야 한다고 본다.

---

242) 중국 현행 민사소송법과 수정건의고에는 모두 중간판결에 대한 규정을 두고 있지 않다. 하지만 수정건의고는 재심사유에 대하여 좀 더 자세한 규정을 두고 있다.

제**6**장

결 론

본고를 마무리하면서도 한편으로 아직도 가야 할 길이 멀다는 것을 새삼스레 느낀다. 소송물논쟁이 100여 년간 지속되어 왔지만 아직도 一統江山을 이루지 못했을 뿐만 아니라 소송물이론 자체도 계속적인 발전을 하고 있다. 따라서 소송물이론을 구성함에 있어서 단 한 가지 측면에만 치우쳐 판단을 내릴 것이 아니라 입체적인 시각에서 그 시대배경에 알맞게 좌우 형량을 하여 이론구성을 해야 한다고 생각한다.

　　본고에서는 이미 연구된 소송물이론을 정리하는 과정에서 중국의 현 시점에서는 상대성 소송물이론보다 통일적인 소송물이론을 기본골격으로 하여 이론구성을 해야 한다는 판단이 섰으며 통일적 소송물이론 중에서 신실체법설은 입법적인 측면이 농후하여 이상적인 색채가 있고, 新二肢說은 二肢說의 수정이라 하지만 수정이 지나쳐 역시 취할 바가 아니라는 비판이 가해지고 있다. 따라서 신실체법설과 新二肢說을 제외한 통일적인 소송물이론인 구실체법설·二肢說·一肢說을 소송물이론의 타당성의 기준으로 되는 청구의 병합·변경·중복제소·기판력에 투영시켜 일장일단을 살펴보았고 소송물의 뿌리로 되는 민사소송의 이상과 목적에 결부시켜 최종판단을 하였다.

　　구실체법설은 법원의 심리에 편리하다고 하지만 청구권경합의 문제로 원고가 여러 번 제소할 수 있고 법원도 여러 번 재판을 해야 하기 때문에 결코 법원에 유리한 것이라고 할 수도 없다. 또한 상소심에서 청구권경합의 문제로 원고가 예상치 못했던 결론에 이르게 된다.243) 이보다도 주의해야 할 것은 모순되는 판결의 위험이 수반되기 때문에 소송자원의 낭비를 초래한다는 것이다.

이러한 청구권의 경합문제를 해결하기 위하여 소송법설이 등장하였는데 그중 二肢說의 이론은 하나의 사실관계에서 비롯된 청구권경합의 문제는 해결하였지만, 서로 다른 사실관계일 경우에는 역시 구실체법설과 같은 문제점이 있으며 실무상에서 구실체법설과 더불어 선택적 병합 등 방법으로 문제의 해결을 시도하기도 하였다. 이렇듯 청구의 병합·변경·중복제소의 문제에서는 모순되는 판결을 피하고 분쟁을 일거에 해결하여 소송자원을 절약할 수 있는 一肢說이 타당하다는 데는 거의 이론의 일치를 이루고 있다. 하지만 아직도 우리는 사권보호를 민사소송의 첫 순위의 목적으로 보고 있다. 따라서 一肢說의 입장을 취할 경우, 기판력의 범위가 지나치게 넓어 원고가 권리를 충분히 행사하지 못할 것이라는 우려가 있다. 이 문제를 어떻게 해결하는가가 학자들이 소송물이론에 대한 입장에 제일 크게 영향을 주고 있음이 분명하다.

二肢說과 一肢說이 기판력에 대한 문제는 사실관계를 어떻게 보느냐에 달린 것이다. 사실관계에 대하여 주로 역사적 사실관계와 생활사실관계가 있는데 그중 어느 것으로 볼 것인가는 분명한 계선이 없고 그때그때의 판단에 맡길 수밖에 없다. 상속사실과 매매사실은

---

243) 청구의 병합의 문제에서 논했다시피 1심에서 승소한 원고가 상소심에서 뜻밖의 패소를 겪거나 반은 승소하고 반은 패소하는 결론에 이르는 것을 말한다.

역사적 사실관계로 보아 다르다고 보아야 한다면 소비사실과 매매사실은 하나의 사실관계로 보아야 할지 다른 사실관계로 보아야 할지 헷갈리게 된다. 또한 하나의 혼인사실 중의 부정행위와 악의의 유기는 글로벌하게 하나의 사실관계로 보아야 한다는 입장이 다수의 견해나 악의의 유기는 있어도 부정행위가 없을 수 있고 악의의 유기는 피해자가 알 수 있어도 부정행위는 피해자가 알 수 없는 사실인데 하나의 사실관계로 보는 것이 타당할지도 의문이 든다. 이런 의문을 해결할 방법이 없어 결국 청구에만 의해 소송물을 판단하는 一肢說로 입장을 취하게 되었다. 그러면서도 사권보호와 분쟁해결이란 민사소송의 근본적인 목적을 이루기 위하여 기판력의 문제에서 약간의 수정을 하여 원고의 참여가 있었는지 여부를 표준으로 주장 가능하였던 사실관계는 모두 기판력의 차단을 받고 객관적으로 주장가능성이 없었던 사실관계는 기판력의 차단을 받지 않는 주장가능 一肢說로 결론을 내리게 되었다. 이러한 객관적인 판단은 손해배상청구권의 시효소멸의 기산점을 판단하는 것처럼 사실관계를 알 수 있는지 여부를 판단하면 될 것이다.

　이렇듯 주장가능 一肢說은 청구의 병합·변경·중복제소에서의 장점을 살릴 수 있고, 기판력의 문제에서 원·피고의 사권보호를 평등하게 해 줄 수 있으며 분쟁을 일회적으로 해결하여 신속과 경제를 도모할 수 있을 뿐만 아니라 모순되는 재판을 방지할 수 있어 적정한 판결의 취지에도 부합된다. 아울러 구체적인 소송 진행과정에서 법관이 적절한 석명권을 행사하고 원·피고의 전체적 공방을 참작하여 최선의 법 적용을 하여 판결을 내리는 것이 타당하다고 본다. 유감스러운 것은 본고를 작성하면서 중국의 판례를 참조하여 구체적사건에서 법원의 의사를 타진해 보고 싶었지만 역시나 법제건설이 완벽하지 못한 탓에 판례가 공개되지 않아 판례에 대한 연구는 후일로 기약하고 순 이론적인 측면에서 중국민사소송에서의 소송물이론 구성을 하였다는 것이다.

# 〈참고문헌〉

## ■ 한국문헌

### [단행본]

강현중, 「민사소송법(제5판)」, 박영사, 2002.

김용진, 「민사소송법(제3판)」, 박영사, 2005.

곽윤직, 「민법총칙(수정판)」, 박영사, 1998.

곽윤직, 「채권총론(수정판)」, 박영사, 1998.

곽윤직, 「채권각론(수정판)」, 박영사, 1998.

김홍규, 「민사소송법(제4판)」, 삼영사, 1999.

김홍규, 「독일민사소송법」, 신원문화사, 1992.

방순원, 「민사소송법(상)」, 한국사법행정학회, 1989.

송상현, 「민사소송법(신정4판)」, 박영사, 2004.

이시윤, 「신민사소송법(제2판)」, 박영사, 2005.

이경희, 「가족법」, 법원사, 1995.

유병화, 「법학입문」, 민영사, 1998.

정동윤·유병현, 「민사소송법」, 법문사, 2005.

호문혁, 「민사소송법(제3판)」, 법문사, 2003.

### [학위논문]

김상훈, "소송물에 관한 연구", 연세대학교 대학원 박사논문, 1996.

박승해, "소송물에 관한 연구: 신소송물이론을 중심으로", 고려대학교 대학원 석사학위논문, 1963.

박준용, "손해배상청구소송의 소송물", 고려대 대학원 석사학위논문, 1999.

유병현, "기판력의 객관적범위", 고려대학교 대학원 석사학위논문, 1988.

이시윤, "소송물에 관한 연구", 서울대학교 대학원 박사논문, 1977.

정광수, "청구권규범통합론", 고려대학교 대학원 석사학위논문, 1984.


## [논 문]

김택수, "동일한 교통사고에 의한 여러 피해자가 피보험자를 대위하여 제기하는 보험금 청구소송의 소송물의 동일성 여부", 「대법원판례해설」, 18호, 1992.

김상수, "계약해제를 이유로 한 대금반환청구소송의 소송물", 「법률신문」, 2901호, 2000.

김상훈, "소송물론상의 생활사실관계에 관하여", 「민사소송」, 제1호, 1998.

김형배, "청구권규범경합론", 「고대법학논집」, 20집, 1982.

김홍규, "일부청구의 소송상의 취급", 「고시연구」, 6월호, 1974.

고해진, "어음채권의 시효소멸과 이득상환청구권", 「월간 경영법무」, 통권78호, 2000.

이석산, "일부청구에 대한 소송법적 고찰", 「소송과 법조의 제문제」, 한국사법행정학회, 1995.

이시윤, "소송물이론에 관한 발전과 동향", 「서울대학교 법학」, 1970.

이시윤, "손해배상청구소송의 소송물", 「판례월보」, 101호, 1976.

유택형, "일반청구와 기판력의 가분성문제", 「고시계」, 제16권 8호, 1971.

유택형, "급여소송에 있어서의 신구 소송물이론의 쟁점", 「법률실무연구」, 4집, 1973.

윤재식, "교통사고소송에 있어서 소송물과 주장 입증책임", 「재판자료」, 20집, 1984.

정동윤, "소송물의 식별기준에 관하여: 한국 및 독일의 판례를 중심으로" 「민사재판의 제문제」, 제8권, 1994.

정영환, "소송종료선언에 관한 연구", 「고시계」, 541호, 국가고시학회, 2002.

호문혁, "확인소송에 있어서의 소송물 특정", 「월간고시」, 통권156권, 1987.


## ◼ 중국문헌

### [단행본]

段厚省, 「民事訴訟標的論」, 中國人民公安大學出版社, 2004.

段厚省, 「請求權競合與訴訟標的研究」, 吉林人民出版社, 2004.

張衛平, 「民事訴訟法敎程」, 法律出版社, 1998.

劉家興, 「民事訴訟法敎程」, 北京大學出版社, 1994.

柴發邦, 「民事訴訟法新編」, 法律出版社, 1992.

王錫三, 「民事訴訟法硏究」, 重慶大學出版社, 1996.

李　龍, 「民事訴訟標的理論硏究」, 法律出版社, 2003.

江　衛, 「中華人民共和國民事訴訟法修改建議稿(第3稿)及立法理由」, 人民法院出版社. 2005.

江　衛, 「民事訴訟法」, 中人國民大學出版社. 2005.

周　翠, 「德國民事訴訟法基礎敎程」, 中國政法大學出版社, 2005.

趙秀擧, 「德國民事訴訟法學文翠」, 中國政法大學出版社, 2005.

王文杰, 申衛星, 朱德芳, 「月旦民商法硏究」, 淸華大學出版社, 2005.

唐德華, 金俊銀, 「民事訴訟理念與機制」, 中國政法大學出版社, 2004.

田安平 外8名, 「民事訴訟法原理」, 厦門大學出版社, 2004.

廖中洪 外14名, 「民事訴訟改革熱點問題硏究綜述」, 中國檢察出版社, 2005.

楊榮馨 外11名, 「民事訴訟法原理」, 法律出版社, 2003.

樊崇義 外10名, 「訴訟原理」, 法律出版社, 2003.


## [논  문]

江偉、段厚省, "論訴訟標的与訴訟請求的關系", 「訴訟法學研究第一卷」, 中國檢察出版社, 2001.

江偉、段厚省, "論請求權競合與訴訟標的理論之關係重述", 「法學家」, 2003, 4.

江偉、韓英波, "論訴訟標的", 「法學家」, 1997, 2.

江偉、徐繼君, "民事論訴訟標的新說 – 在中國的適用及相關制度堡障", 「法律適用」, 2003, 5.

李 龍, "論我國民事訴訟標的理論的基本框架", 「法學」, 1999, 7.

楊書翔, "訴的變更制度比較研究", 「河北法學」, 2003, 4.

邵 明, "訴訟標的論", 「法學家」, 2001, 6.

王娣、欽駿, "民事訴訟標的理論的再構成", 「政法論壇」, 2005, 2.

于海生, "論再審之訴的訴訟標的", 「云南法學」, 2004, 2.

蒲菊花, "論債權人代位訴訟的訴訟標的", 「河北法學」, 2003, 5.

徐曉峰, "責任競合與訴訟標的理論", 「法律科學」, 2004, 1.

吳 璽, "我國民事訴訟標的及其識別問題分析", 「貴州警官職業學院學報」, 2004, 6.

楊書翔, "訴的變更制度比較研究", 「河北法學」, 2003. 4.

## ■ 일본문헌

### [단행본]

伊藤眞, 「民事訴訟法(補訂版)」, 有斐閣, 2000.

三ヶ月章, 「民事訴訟法(第3版)」, 弘文堂, 平成5年.

松本博之・上野泰男, 「民事訴訟法」, 弘文堂, 1998.

新堂幸司, 「新民事訴訟法」, 弘文堂, 平成12年.

小山昇, 「民事訴訟法(5訂版)」, 靑林書院, 1989.

上田徹一郎, 「民事訴訟法」, 法學書院, 2001.

高橋宏志, 「民事訴訟法」, 有斐閣, 1998.

奧田昌道, 「請求權槪念生成展開」, 創文社, 昭和54年.

四宮和夫, 「請求權競合論」, 一粒社, 1978.

小室直人 外3名, 「新民事訴訟法講義」, 法律文化社, 1998.

兼子一 外3名, 「條解民事訴訟法」, 弘文堂, 昭和61年.

新堂幸司, 福永有利, 「注釋民事訴訟法(5)」, 有斐閣, 1991. 1.

### [논 문]

柏木邦良, " 訴の倂合と旣判力( 1 )", 「判例時報」1841號, 平成15年.

松浦馨, "通常民事保全訴訟の訴訟物", 「改革期の民事手續法 - 原井龍先生古稀祝賀」, 法律出版社, 2002.

## · 저자 ·

## 김 주

### •약 력•

법무법인 로고스 중국변호사
고려대학교 법학연구원 연구원
고려대학교 민사소송법 박사수료
한국외국어대학교 법과대학 겸임교수
재한중국인법학회 회장
한중친선협회 이사

### •주요논저•

「감정에 관한 소고」, <중국법연구>, 제6집, 한중법학회, 2006.12.
「중국의 새로운 기업형태에 관한 연구」, <2006동북아법제연구서>, 법제처, 2006.12.
「중국의 대표인소송에 관한 연구」, <국제법률경영>, 2006.12.
「중국증권시장진출에 관한 연구」, <중국법연구>, 제7집, 한중법학회, 2007.6.
「중국 물권법상 토지소유권에 대한 고찰」, <법학논총>, 전남대법학연구원, 2007.1.
「정부유권해석의 정착을 위한 바람직한 제도운영에 대한 연구」, 법제처, 2006.10.
「개정 중국 민사소송법의 주요 내용과 향후 과제(심판감독절차의 집행절차를 중심으로)」,
  <인권과 정의>, 통권379호, 2008.3.
「중국 민사소송에서의 급별관할(級別管制)의 내용 및 문제점」, <인권과 정의>, 2008.8.
「중국 사법해석제도에 관한 고찰」, <비교사법(통권41호)>, 한국비교사법학회, 2008.6.
「중국 노동쟁의의 조정 및 중재에 관한 연구」, <법조>, 2008.8.
「韓國改正刑事訴訟法的考察」, 訴訟法研究 第14集.(중문논문)
「법률용어집」(법률용어중국어대역담당), 대법원, 2007.

**대상독자:** 민사소송법 전공, 중국법 전공

**키워드:** 소송물, 소송목적물, 기판력, 구실체법설, 소송법설, 상대성 소송물이론, 신실체법설, 청구권경합론, 주장가능 일지설

**주안점:**
소송물이론은 민사소송법에서 가장 기초적이면서도 핵심적인 이론 중의 하나이다. 소송물은 소송절차의 전반에 걸쳐 작용하게 되며 기판력과 더불어 소송의 시말을 대표하는 '쌍두마차'라 할 수 있다. 소송물이론 중 구실체법설·이지설·일지설·신실체법설·상대성이론 등 5가지 학설이 나름대로 자리매김을 하게 되었다. 본고는 중국의 법체계와 비슷한 독일·일본·한국의 소송물이론의 연구 성과를 소개하고 중국 현행 법률제도를 바탕으로, '중국민사소송법수정건의고'를 참고하여 중국 민사소송법에서의 소송물제도에 관한 검토를 하였고, 결론에서 중국 소송물이론의 발전에 이바지할 수 있는 저자의 관점인 '주장가능 일지설'을 제출하였다.

## 주장가능 一肢說

－중국민사소송법과 결부하여－

| | |
|---|---|
| • 초판 인쇄 | 2008년 10월 30일 |
| • 초판 발행 | 2008년 10월 30일 |
| • 지 은 이 | 김 주 |
| • 펴 낸 이 | 채종준 |
| • 펴 낸 곳 | 한국학술정보㈜ |
| | 경기도 파주시 교하읍 문발리 513-5 |
| | 파주출판문화정보산업단지 |
| | 전화 031) 908-3181(대표) · 팩스 031) 908-3189 |
| | 홈페이지 http://www.kstudy.com |
| | e-mail(출판사업부) publish@kstudy.com |
| • 등 록 | 제일산-115호(2000. 6. 19) |
| • 가 격 | 22,000원 |

ISBN 978-89-534-1251-4 93360 (Paper Book)
     978-89-534-1252-1 98360 (e-Book)